Aprendizagem baseada em

Mario Alexander Romero Gomez

Aprendizagem baseada em problemas e ambientes virtuais de aprendizagem

Um modelo de ensino e aprendizagem na
Universidade de Santo Tomás

ScienciaScripts

Cover image: www.ingimage.com

This book is a translation from the original published under ISBN 978-620-0-03231-7.

Publisher:
Sciencia Scripts
is a trademark of
Dodo Books Indian Ocean Ltd. and OmniScriptum S.R.L publishing group

120 High Road, East Finchley, London, N2 9ED, United Kingdom
Str. Armeneasca 28/1, office 1, Chisinau MD-2012, Republic of Moldova, Europe

ISBN: 978-620-7-00469-0

Índice :

Dedicação

À Kathy, minha mulher, minha companheira nesta longa viagem; quantas quedas, quantos tropeções, quantas vicissitudes, mas em todas elas estiveste lá, pronta a resgatar-me, a mostrar-me de novo o caminho, o teu amor, companhia e firmeza, fazem com que este sonho se materialize, obrigado por me dares a mão naqueles momentos em que as palavras pareciam esconder-se antes de completar as ideias. Agora, quando há um pouco mais de tempo para refletir pergunto-me, quem mais poderia suportar os longos dias, os eternos fins-de-semana, o barulho constante de um teclado, as eternas correcções, as frases dos leitores e júris cheias de incerteza, *"por agora ficamos por aqui"*, só alguém com imenso amor, com a firmeza necessária para me acompanhar até ao fim, até que Deus o permita...!

Agradecimentos

Em torno de um projeto de investigação a este nível, é necessário associar o conhecimento e a experiência de profissionais que proporcionam uma visão complementar, uma visão alternativa para a realização dos objectivos, pelo que é necessário agradecer à Professora Diela Moreno pelos seus contributos na área da estatística, à Professora Yadira Ruiz, pelo seu apoio na implementação dos grupos de discussão, à Dra. Gilma Sanabria, pelos seus enormes contributos nos fundamentos pedagógicos e didácticos do cenário virtual, à Professora Julia Roberto, pela sua sábia orientação face às técnicas de representação do conhecimento, à Professora Julia Roberto, pela sua sábia orientação face às técnicas de representação do conhecimento, à Professora Yadira Ruiz, pelo seu apoio na implementação dos grupos de discussão. Gilma Sanabria, pelas suas enormes contribuições nos fundamentos pedagógicos e didácticos do cenário virtual, à Professora Julia Roberto, pela sua orientação precisa em relação às técnicas de representação do conhecimento, à Professora Katherine Roa, pelos fundamentos e socialização das ferramentas digitais mais relevantes para o trabalho de investigação, ao Professor Carlos Pinilla, por partilhar o seu conhecimento e experiência na criação de Ambientes Virtuais e, finalmente, ao Professor Alvaro Quiroga, por trazer a sua experiência na área comunicativa e de representação criativa de ideias ao grupo de alunos.

Resumo

O trabalho corresponde ao documento para optar pelo título de "Doutor em Educação" do programa de Doutorado em Educação da Universidade Santo Tomás. Retoma o estudo do Modelo, Problem Based Learning (PBL), sobre Ambiente Virtual de Aprendizagem (**AVA**), (PBL-AVA) Romero (2011), proposto na Fundação Universitária do Espaço Andino, para ser aplicado no campo de formação: Filosofia dos ambientes virtuais de aprendizagem, espaço educativo transversal em todas as licenciaturas da Faculdade de Educação da Universidade de Santo Tomás na sua modalidade aberta e a distância.

O objetivo principal é estabelecer o alcance na construção do conhecimento do Modelo ABP sobre AVA na educação a distância, no campo de formação Filosofia dos Ambientes Virtuais de Aprendizagem. A partir deste objetivo, desenham-se duas estratégias pedagógicas representadas em ambientes virtuais de aprendizagem, a primeira, com a mediação do modelo ABP-AVA (grupo experimental) e a outra com a metodologia tradicional VUAD sem ABP (grupo de controlo).

Com base neste objetivo, é abordado um quadro teórico que gira em torno de cinco eixos, a Pedagogia, como disciplina fundadora na formação dos licenciados, o Construtivismo, paradigma em que se baseia concetualmente o modelo ABP-AVA, o Conectivismo, como teoria pedagógica emergente, orientando o modelo ABP-AVA na possibilidade de ligar nós e conceitos de várias disciplinas na formação dos licenciados, A Aprendizagem Baseada em Problemas (ABP), como estratégia pedagógica que orienta a conceção e dinamização do espaço virtual e os Ambientes Virtuais de Aprendizagem (AVA), como cenário pedagógico onde ocorrem os encontros síncronos e assíncronos na formação a distância do VUAD.

A partir de uma abordagem quantitativa sob o desenho quasi-experimental, aborda-se o estudo do objetivo principal, que procura estabelecer o alcance na construção do conhecimento do modelo ABP-AVA na educação a distância, no campo de formação Filosofia dos Ambientes Virtuais de Aprendizagem, para isso e seguindo a metodologia, estabelecem-se dois grupos que estudam simultaneamente o campo de formação acima referido, que se denominam nesta investigação, Grupo Experimental com o modelo ABP-AVA e Controlo, com a metodologia tradicional VUAD.

No início do semestre, é aplicado a ambos os grupos o instrumento denominado Pré-teste, de abordagem quantitativa, que está orientado para conhecer o grau de construção concetual alcançado até ao momento na sua formação como licenciados, sendo depois aplicado o Pós-teste, a partir do qual se observa em ambos os grupos (Experimental e Controlo) o grau de aquisição, participação e criação/construção Sanchez (2009) de conhecimentos em cada uma das categorias definidas pelo investigador, Ambientes Virtuais de Aprendizagem, Aprendizagem Baseada em Problemas e Ferramentas Digitais.

A partir da abordagem quantitativa, no grupo experimental ao final do processo, é aplicada a técnica de coleta de informações denominada Focus Group, este instrumento permite corroborar no presente estudo os resultados que na ordem quantitativa haviam sido gerados, o grupo, através de uma entrevista semi-estruturada e orientada por questões que atendem as categorias de estudo selecionadas pelo pesquisador, chega a resultados que ratificam o alcance na construção do conhecimento do modelo ABP-AVA.

Com base no exposto, e após aplicar o Modelo ABP-AVA no grupo experimental e no grupo de controlo o AVA sem ABP (modelo VUAD tradicional) e observar os âmbitos pedagógico, cognitivo e prático, de acordo com as categorias de Aquisição, Participação e Criação/Construção, Sánchez (2009) constatou que existem diferenças significativas nos dois grupos seleccionados para o estudo.

Finalmente, embora esta investigação não consiga chegar a conclusões definitivas de forma generalizada, apresenta contributos para o discurso na construção do conhecimento sobre modelos educativos de ensino a distância, propondo um modelo pedagógico e didático alternativo para a conceção e dinamização de cenários digitais para a Universidade Santo Tomás na sua modalidade aberta e a distância.

INTRODUÇÃO

Práticas tradicionais como a oralidade e a memória, juntamente com o conceito de tempo e espaço, bem como os fundamentos da informação e do conhecimento, entraram em crise desde que os meios virtuais, como os computadores, a Internet, as bases de dados, as salas de aula virtuais, a hipertextualidade, o multimédia e a interatividade, entre outros fenómenos da chamada cibercultura, entraram no campo da gestão da informação e, subsequentemente, no campo do conhecimento.

Tendo em conta o exposto, é necessário recorrer às práticas pedagógicas tradicionais, uma vez que estas não podem ser alheias a estas transformações dos meios virtuais. Por isso, falar de cenários educativos hoje em dia é referir-se a espaços alternativos onde também se ensina e se aprende, onde um novo papel é assumido por alunos e professores. Os espaços e as práticas que emergem graças à extensão do digital, com a mediação de dispositivos electrónicos, afectam e alteram cada vez mais as dinâmicas pessoais e sociais.

Neste sentido, pode afirmar-se que a educação mantém a sua essência, mas o contexto em que é aprendida e socializada mudou. O professor entrou em um papel em que assume tarefas de gestor do conhecimento e motivador da aprendizagem, proporcionando cenários e práticas para que isso aconteça. A partir do modelo de Aprendizagem Baseada em Problemas (ABP), o Ambiente Virtual de Aprendizagem (AVA) **enquadra-se** nesta visão do mundo e numa posição alternativa ou diferenciada da tradição educativa, que proporciona cenários onde o aluno aprende sozinho e também em comunidade. No processo de aprendizagem, isto é conhecido como autorregulação, que por sua vez permite a apropriação do conhecimento. Na mesma linha, o modelo estabelece que é a estratégia pedagógica da aprendizagem baseada em problemas que permite o equilíbrio a nível cognitivo, na medida em que favorece a análise de situações reais no seu contexto pessoal e profissional (Romero, 2011). Desta forma, o aluno assume novas posições que se ligam às suas dinâmicas sociais de interação graças às redes, gerando debates e lançando hipóteses colectivas.

Tendo em conta o exposto, o principal objetivo da investigação é estabelecer o âmbito da construção do conhecimento no domínio da formação em Filosofia dos Ambientes Virtuais de Aprendizagem[1] com a aplicação do Modelo ABP em AVA, que favorece a construção e a dinamização de espaços síncronos e assíncronos no processo de ensino e aprendizagem.

Com base neste objetivo, é abordado um quadro teórico que gira em torno de cinco eixos. O primeiro deles é a pedagogia como disciplina fundante do trabalho como professores e que norteia esta pesquisa. A partir deste primeiro eixo é possível iniciar a reflexão pedagógica e na qual se baseia o modelo ABP-AVA, por entender que o conhecimento não é fechado e não tem uma finalidade específica, de modo que através dos diferentes posicionamentos e diálogos entre seus atores (professores e alunos), surgem novos cenários educativos, os quais (ABP-AVA) requerem conhecimentos disciplinares e interdisciplinares, onde promove espaços de construção coletiva do conhecimento (Romero, 2011).

O estudo da corrente pedagógica construtivista, entendida como o espaço de montagem, ampliação, restauração e interpretação de novos conhecimentos, que a partir das permanentes discussões e diálogos entre seus atores, conseguem consolidar propostas educacionais que, no caso do modelo ABP sobre o AVA, vão além da transmissão e acumulação de conhecimentos, tentando estabelecer conexões entre diferentes aprendizagens, através de diferentes disciplinas para aprender e ensinar em contexto (Romero, 2011).

A Aprendizagem Baseada em Problemas (PBL), enquanto estratégia pedagógica que

---

[1] Espaço académico transversal a todas as licenciaturas da Faculdade de Educação da Universidade Santo Tomás na sua modalidade aberta e à distância. Este campo de formação tem como objetivo capacitar e orientar os professores estagiários na construção de cenários pedagógicos apoiados pelas TIC, que contribuam para o fortalecimento da prática profissional como professores, dentro e fora da sala de aula. Com base no exposto, esta investigação procederá a uma caraterização exaustiva do espaço académico.

6

permite cenários de construção concetual em contexto, é o próximo eixo a ser abordado, no qual se baseia o modelo PBL - VLE. Através desta estratégia, o aluno aproxima-se do conhecimento através da resolução de um problema, que se identifica desde os objectivos centrais do campo formativo até à Filosofia dos Ambientes Virtuais de Aprendizagem. No entanto, ao transcender para outros cenários de aprendizagem, as soluções são construídas de forma transversal[2].

A abordagem que se segue visa o estudo dos Ambientes Virtuais de Aprendizagem (AVA), com os quais o modelo ABP-AVA consegue dinamizar os espaços de ensino e aprendizagem através das TIC. Os AVAs surgem neste quadro como um espaço de encontro, socialização e construção colectiva através da interação com recursos, links web e simuladores, que, apoiados nos contributos do professor, tutor, colegas, especialistas e convidados, conseguem consolidar um corpo teórico prático, que vai para além de um cenário educativo digital, pretendendo ser um espaço de encontro onde se socializam e constroem conceitos e ideias.

A construção do conhecimento ocupa o nível seguinte deste quadro. É a partir deste eixo que o modelo ABP - AVA se manifesta sob três categorias: a primeira aquisição, entendida como o processo em que a mente humana actua como um armazém, modificando estruturas anteriores e registando novas, que são adquiridas individualmente ou em grupo, graças à interação social ou cultural. Estas são categorias que propõem um cenário educativo mediado pelas TIC, onde é possível construir conhecimento.

A segunda participação, entendida como o cenário de interação entre os membros de uma comunidade ou de várias delas, permite espaços de construção sobre a funcionalidade dos conceitos, de forma a ligar e contextualizar as suas aprendizagens.

A terceira criação ou construção refere-se à criação de artefactos conceptuais, tais como teorias, ideias ou modelos. Trata-se, assim, de inovar, de criar espaços para ir além de conceitos ou teorias que são dados como adquiridos, mas que exigem novas interpretações e relações.

As secções anteriores sustentam a proposta denominada ABP sobre AVA no contexto da Vice-Reitoria da Universidade Aberta e a DistânciaVUAD, que alimentam o modelo ABP-AVA e permitem a construção do cenário virtual, que será aplicado no campo de formação Filosofia dos Ambientes Virtuais de Aprendizagem, espaço de formação este que funciona a nível nacional na Faculdade de Educação da Universidade de Santo Tomás na sua modalidade a distância.

A construção do conhecimento, aliada à geração de propostas que possibilitem mudanças significativas nos espaços educativos na forma de ensinar e aprender (educação tradicional), representa para o professor que lidera esse processo, um dos maiores desafios diante de propostas como a descrita a seguir.

No entanto, é de salientar que atualmente na Universidade Santo Tomás na sua modalidade aberta e a distância, para a conceção dos planos pedagógicos presenciais (PPA), os conteúdos foram estruturados em cada uma das áreas de formação, sem uma interligação com outras áreas, que são transmitidas ao aluno de acordo com o seu programa e nível de conhecimento em cada um dos graus.

A proposta de investigação enquadra-se na utilização de estratégias pedagógicas construtivistas e conectivistas, onde o ponto de partida é um problema, para a resolução do mesmo aplicam-se os conhecimentos e ferramentas do Ambiente Virtual de Aprendizagem, em que o protagonista do ato educativo é o aluno, acompanhado e orientado pelo seu tutor. O tutor é definido como a pessoa que alimenta as descobertas em termos de conhecimento e concentra

---

[2] Desta forma, o objetivo é incluir novas alternativas pedagógicas nos diferentes cenários de aprendizagem, a fim de incorporar uma atitude de liderança nos alunos, sendo proactivos na abordagem e resolução de problemas em contextos reais.

os resultados na resolução de problemas e na definição de hipóteses.

A utilização de Ambientes Virtuais de Aprendizagem gera a possibilidade de potenciar e dinamizar, nesta proposta, cenários em que é possível ensinar e aprender com o apoio da Internet e do imenso número de recursos que esta contém (comunidades virtuais, portais de aprendizagem e ferramentas web 2.0, entre outros), ampliando de forma importante as fontes teóricas que possibilitam diferentes visões de qualquer conceito e a construção a partir destas novas posturas e ofertas educativas.

A proposta gerada a partir do modelo de Aprendizagem Baseada em Problemas (PBL) em Ambientes Virtuais de Aprendizagem (AVA), possibilita a criação de um cenário virtual para a área de formação em Filosofia dos Ambientes Virtuais de Aprendizagem, onde através de uma metodologia quantitativa, busca-se estabelecer o efeito na construção do conhecimento comparando duas turmas cursando a mesma disciplina com as duas metodologias, PBL-AVA e VUAD tradicional.

OBJECTIVOS

Estabelecer o âmbito da construção do conhecimento do Modelo ABP sobre AVA na educação a distância, no domínio de formação Filosofia dos Ambientes Virtuais de Aprendizagem na Faculdade de Educação da Universidade de Santo Tomás - VUAD.

1. Objectivos específicos

- Caracterizar o alcance pedagógico, cognitivo e prático do Modelo ABP sobre AVA na construção do conhecimento no domínio da formação Filosofia dos Ambientes Virtuais de Aprendizagem.

- Identificar através das categorias aquisição, participação e criação/construção a elaboração do conhecimento com o Modelo ABP sobre APV aplicado no domínio da formação Filosofia dos Ambientes Virtuais de Aprendizagem.

- Avaliar por meio de análise comparativa a construção do conhecimento no campo de formação Filosofia dos Ambientes Virtuais de Aprendizagem com um curso desenhado com o Modelo ABP no AVA comparado a um desenhado com metodologia tradicional na sala de aula virtual do VUAD.

- Propor um modelo para a construção e dinamização da sala de aula virtual em cenários de formação análogos para a Universidade Santo Tomás na sua modalidade aberta e a distância, com base nos resultados alcançados com a aplicação do Modelo ABP - AVA no domínio da formação Filosofia dos Ambientes Virtuais de Aprendizagem.

2. Formulação descritiva

O ensino e a aprendizagem, como forças dinâmicas no nosso complexo universo mental, permitem-nos recriar qualquer cenário, por mais complicado que seja. Desta forma, professores e alunos, enquanto protagonistas do ato educativo, conseguem utilizar dinâmicas conceptuais cada vez mais próximas da realidade, apoiadas pela ciência e pela tecnologia. Graças a isso, o conhecimento tornou-se a riqueza mais preciosa de qualquer sociedade; é aqui que os centros educativos surgem com uma proposta em que a teoria e a prática se fundem para construir uma posição relevante na procura de novos esquemas, novas propostas educativas, que ao longo do tempo se tornaram novas teorias, novos paradigmas educativos.

Produzir pensamento pedagógico como produto da praxis, entendida como reflexo do próprio trabalho, que oriente a construção de uma epistemologia; e com isso, formar profissionais que respondam às novas condições educativas, tecnológicas, sociais, económicas e políticas a que esta sociedade em permanente evolução é evocada, é talvez um movimento que nos últimos tempos tem vindo a emergir com dinâmicas apoiadas na utilização das TIC[3].

Neste sentido, cenários como o das TIC merecem uma reflexão sobre as práticas educativas actuais. Não basta configurar os conteúdos em plataformas visualmente atractivas, os cenários educativos actuais devem reflectir uma reflexão pedagógica profunda, é necessário aproximar os saberes disciplinares sob abordagens que integrem os saberes, é essencial ter uma imagem global do contexto para compreender o particular.

Para esta investigação, é importante compreender uma abordagem que permita a integração do conhecimento através da conceção do currículo, que é definida como:

> ...é uma seleção cultural, um exercício de "apreciar e excluir". Por seu lado, o currículo deve responder às seguintes questões: o que é um conhecimento válido, como são

---

3 "As Tecnologias de Informação e Comunicação podem ser concebidas como o resultado de uma convergência tecnológica, ocorrida ao longo de quase meio século, entre as telecomunicações, a informática, a microeletrónica e certas ideias de administração e gestão da informação. Considera-se que os seus componentes são o hardware, o software, os serviços e as telecomunicações" (Departamento Administrativo Nacional de Estadísticas [DANE], 2003, p.13).

adquiridos os conhecimentos, as capacidades e as atitudes e como é avaliada a aquisição de competências? (Lafuente et al., 2007).

Neste sentido, pode entender-se que a conceção do currículo implica um repensar permanente dos modelos didácticos e metodológicos: instrucional, ativista e cognitivo, permitindo, através do exercício pedagógico, ensinamentos e aprendizagens que vão para além de uma definição e contextualização na sala de aula. Trata-se de ser capaz de orientar a conexão de conceitos e sua geração. O uso indiscriminado destes modelos didácticos e metodológicos é uma constante na dinamização de cenários digitais de aprendizagem, resultando em ambientes virtuais onde o uso de ferramentas informáticas é privilegiado em detrimento do desenho do curso e da estratégia pedagógica que melhor se adequa à área de estudo.

São inúmeras as funções que a teoria pedagógica cumpre na conceção de um ambiente virtual; no entanto, na maioria dos casos, o impacto das TIC reduz-se à utilização de diferentes formatos electrónicos para encapsular dados e facilitar a tarefa de os divulgar (Romero, 2011), É, pois, necessário envolver o professor na criação de um curso virtual na perspetiva do discurso pedagógico e dimensionar a intencionalidade das plataformas informáticas, para passar de simples repositórios de informação a cenários de discussão, análise e revisão de informação para a construção do conhecimento.

Neste sentido, refletir sobre as alternativas que permitem a integração de posturas pedagógicas alternativas como a Aprendizagem Baseada em Problemas[4] , para a geração de conhecimento, apoiada pelas TIC e especialmente com o uso de plataformas educativas, é propor uma opção educativa baseada em modelos de formação que geram para quem aprende e ensina, novas rotas na procura e experimentação do conhecimento.

Com base no exposto, importa destacar o trabalho conseguido em 2014 na Universidade Santo Tomás - VUAD para gerar este tipo de reflexão e do qual surge um ambiente virtual cujo impacto visual é coerente com o modelo educativo, ao estabelecer na sua concetualização elementos que emergem da PEI ou lhe estão subjacentes, como a formação integral e deixando de lado algumas dinâmicas instrumentalistas em que estes cenários tendem a cair (Rivera, s.d.).

E é nessa perspetiva que o modelo ABP sobre AVA como cenário alternativo de ensino e aprendizagem, propõe a partir das categorias de Aquisição, Participação e Criação/Construção do Conhecimento, as etapas para que ocorra a construção do conhecimento, avançado em cada nível através do trabalho contínuo dos diferentes atores do processo: aluno, professor/tutor, especialistas e convidados, que acompanham o processo permanentemente e são os indicados para conhecer e reconhecer a contribuição educacional do modelo ABP-AVA.

Este espaço implica que para alcançar a construção do conhecimento é necessário orientar o aluno a superar cada uma das etapas, entendendo por sua vez que cada uma delas pode exigir mais ou menos tempo para alcançá-las, a partir disso, não se determina o período para chegar ao final do processo, pois isso depende de cada aluno.

De acordo com López, Patiño, Céspedes, Quiroga e Pinilla (2015), para a Universidade Santo Tomás na sua modalidade aberta e a distância, os cenários virtuais devem fazer avançar um processo de formação sem a necessidade de uma presença física frequente ou de uma relação presencial com o professor, uma vez que o papel deste último consiste em aconselhar e mediar. Quanto ao aluno, o seu papel é o de ser o auto-gestor da sua aprendizagem. O documento afirma ainda a necessidade de propor novos modelos curriculares centrados no ensino problematizador, a partir dos quais é possível flexibilizar a abordagem dos conteúdos.

---

[4] De acordo com Vizcarro e Juárez (n.d.), a aprendizagem baseada em problemas (ABP) é uma estratégia pedagógica que combina a aquisição de conhecimentos com a aprendizagem de competências, em que os alunos adquirem conhecimentos enquanto aprendem a aprender de forma progressivamente autónoma, embora, naturalmente, orientados por um tutor e uma equipa de professores.

Com base nos argumentos acima expostos, esta investigação utiliza um grupo de controlo constituído por alunos inscritos na área de formação: Filosofia dos Ambientes Virtuais de Aprendizagem, com os recursos pedagógicos e técnicos tradicionais da Sala de Aula Virtual VUAD.

Para a conceção e construção deste cenário digital, são tidos em conta os fundamentos teóricos descritos por López et al. (2015), onde são apontadas as competências ou dimensões (Compreender, Agir, Fazer e Comunicar), entendidas como um saber-fazer em contexto e referidas pelo Modelo Educativo da USTA como "o reconhecimento de uma multicasualidade e interdependência de fatores sociais, institucionais e cognitivos, em permanente tensão, e que requerem uma metodologia adequada de acordo com essas exigências" (López et al., 2015, p. 2) (López et al., 2015, p. 2).

De acordo com estas dimensões, o VUAD define um modelo onde os conteúdos são abordados e dinamizados no grupo de controlo, contemplando uma estrutura em cujo conteúdo podemos observar elementos como: Disciplina, Recursos, Actividades, Avaliação e Comunicação, que são descritos com maior precisão na secção 6.8 (Ambientes Virtuais de Aprendizagem (AVA) na Universidade de Santo Tomás - VUAD).

Com base no exposto, esta proposta de investigação apresenta-se como uma alternativa para a conceção e dinamização de espaços educativos mediados pelas TIC. Atualmente, a Universidade está a trabalhar numa postura emergente na construção do conhecimento, como é o caso do modelo ABP-AVA, orientando o aluno para a solução de um problema, mas não de forma disciplinar ou isolada; trata-se de promover a solução com contribuições ou ideias que podem ser localizadas em diferentes áreas do conhecimento na formação de licenciados (pedagógica, humanística, investigativa, disciplinar). Encontrar a solução mais pertinente dependerá das necessidades de ensino e aprendizagem de cada aluno.

O modelo ABP-AVA é apresentado nesta pesquisa como o lugar do encontro, da aprendizagem e da construção do conhecimento no campo formativo Filosofia dos Ambientes Virtuais de Aprendizagem. Retomando a posição de Sánchez (2009) onde apresenta os esquemas de construção do conhecimento em três categorias: aquisição, participação e criação/construção, que são retomadas pelo modelo e definidas para sua abordagem na seguinte perspetiva:

A fase inicial, designada por *aquisição*, envolve um primeiro momento de comunicação ou de transmissão de conceitos, que são tratados individualmente ou em grupo. A forma como essas aprendizagens e ensinamentos são organizados e novos são desenvolvidos dependerá de cada aluno. Por isso, falar deste primeiro momento implica pensar que ele pode ou não ocorrer, isso dependerá de cada pessoa, em termos das suas representações e esquemas de pensamento actuais (Sánchez, 2009).

Na segunda fase, designada por *participação*, será possível ter em conta a funcionalidade dos conceitos, onde o aluno não só vê a intencionalidade na prática, mas também o seu significado, contextualizando os conhecimentos adquiridos nos diferentes domínios de formação. Alguns alunos poderão chegar a esta fase sem passar pela primeira fase (Aquisição), sendo que o ritmo e as representações do conhecimento em cada aluno, darão a possibilidade de acesso direto a esta fase.

Com o exposto, pode-se deduzir que não apenas o conhecimento é construído, mas também as identidades, juntamente com a aprendizagem, que é uma questão de transformação pessoal e social, onde o pensamento individual consegue se conectar com posições, que a partir do coletivo, geram postulados enriquecidos e fortalecidos com uma visão comunitária.

Por último, a fase de *criação/construção de* conhecimentos é concebida como a criação colectiva de conhecimentos para a conceção de artefactos conceptuais, tais como teorias, ideias ou modelos; neste sentido, trata-se de orientar o aluno para a inovação, tentando ir além das concepções e dos preceitos.

O Modelo ABP em AVA como cenário para o fortalecimento da sala de aula virtual que atualmente é utilizada na Universidade Santo Tomás - VUD como recurso para acompanhar sua modalidade a distância, é apresentado como uma alternativa para a construção do conhecimento, por sua vez, permite reflexões sobre a importância de gerar ambientes virtuais de aprendizagem que permitam maior coerência aos conceitos abordados nos diversos campos de formação, que orientem os alunos em sua reflexão e construção de soluções para problemas reais do conhecimento.

3. Questão Problema

De acordo com o exposto, surge a questão: Quais são os alcances na construção do conhecimento do Modelo ABP sobre AVA na educação a distância, no campo de formação Filosofia dos Ambientes Virtuais de Aprendizagem na Faculdade de Educação da Universidade de Santo Tomás - VUAD?

3.1 Justificação

Corresponde à Universidade na época atual, onde para autores como Brea (2007) se passa de uma memória principal composta por aquilo que se lê e se escreve, para uma cultura baseada nas interconexões e na informação digital ou virtual. Inventar um novo papel, que lhe permita funcionar dentro das novas realidades para cumprir os objectivos para os quais foi chamado, é não perder a ligação entre a realidade e a contribuição para as sociedades. Embora não tenha podido escapar às tensões económicas e políticas, o facto de ser testemunha e ao mesmo tempo protagonista da atual transformação do homem na forma como se relaciona e interage com o seu ambiente, são circunstâncias que a obrigam a uma mudança na sua essência e, a partir daí, a uma mudança substancial na educação.

Falar de transformações é falar de compromissos, que visam fornecer à sociedade contributos que forjam mudanças de substância e de forma, em que os avanços em áreas como as TIC nos permitem visualizar um novo cenário educativo, o do conhecimento, que tem vindo a gerar transformações importantes em várias actividades humanas. O campo da educação, um dos mais beneficiados ou talvez prejudicados nesta sociedade do conhecimento, entra em tensão quando os seus actores e dinâmicas já não são os mesmos, quando falar de um modelo ou de uma estratégia já não é suficiente, se não estabelecerem ligações estreitas com o contexto social atual, com a nova cultura da informação e do conhecimento (Romero, 2011).

Por conseguinte, falar de um modelo pedagógico único aceitável em diferentes cenários educativos é arriscado e descontextualizado; praticamente qualquer modelo pode ser posto em prática utilizando ferramentas TIC, o que implica que as tecnologias não são em si mesmas mecanismos de formação, mas sim mecanismos de difusão de informação, que por sua vez facilitam as relações e as comunicações. Por exemplo, Kaplún (1998) afirma que as TIC devem ser consideradas não apenas como um meio de comunicação ou uma ferramenta tecnológica, mas sobretudo como uma componente pedagógica.

É assim que as estratégias pedagógicas permitem organizar as actividades e os tempos de formação, incluindo as concepções baseadas em problemas, caracterizadas pela forma de abordar os temas, os modelos de avaliação, a relação dos alunos com os conteúdos e as formas de comunicação e de organização interna para dar resposta a tudo isto, pelo que não basta identificar um único modelo de trabalho, mas também é necessário encenar estas características para verificar a sua eficácia na concepção consciente de um curso virtual.

É importante ter em conta que, para criar este tipo de ambiente, é necessário orientar-se por uma perspetiva epistemológica definida, mas também efetuar um acompanhamento técnico das condições do curso para que o resultado final combine estas duas vertentes com o conhecimento da área a ensinar (Caro, Velandia, Ruiz e Álvarez, 2004).

Sem uma estratégia pedagógica definida e sem a construção de um desenho didático e metodológico, uma sala de aula virtual reduz-se a um espaço online de divulgação de conteúdos, algo como um sistema de "mensagens", pelo que é importante saber como serão abordados os conhecimentos, mas também a postura epistemológica que se assume em relação à aprendizagem e, portanto, as condições que se espera que existam no espaço académico. A estratégia pedagógica é o ingrediente que garante que, num espaço virtual, professores, alunos e conhecimentos se possam relacionar entre si para a realização significativa da aprendizagem.

Note-se que, em grande medida, as ferramentas disponíveis online e comummente expostas em Ambientes Virtuais de Aprendizagem (AVA), como blogues, sites, páginas web e *wikis* (Solarte, 2009), coincidem com modelos instrucionais baseados em objectivos de aprendizagem, na medição (quantificação da atividade do aluno - classificação) e no modelo de ensino-aprendizagem de forma unidirecional (o professor ensina). No entanto, modelos alternativos apoiados nas tendências contemporâneas de aprendizagem, como o PBL, promulgam a socialização do conhecimento, a aprendizagem por descoberta, a construção de estruturas mentais e a resolução de problemas como razão do processo académico.

Neste sentido, a Universidade Santo Tomás - VUAD tem vindo a transformar a sua Sala de Aula Virtual como cenário de apoio ao trabalho na modalidade a distância em todos os programas da Faculdade de Educação. Compreender estes cenários, hoje, é visualizar uma reflexão pedagógica que reflecte o pensamento de São Tomás de Aquino e que se consubstancia no seu Projeto Educativo Institucional (PEI), que privilegia a formação integral e o desenvolvimento de competências ou dimensões (Compreender, Agir, Fazer e Comunicar), o Modelo Pedagógico Educativo (Universidade Santo Tomás, 2011).

Tendo em conta o exposto, a reflexão pedagógica faz ainda mais sentido, entendendo que os modelos e estratégias de formação não têm um limite determinado, sobretudo quando devem permitir reforçar conceitos e levar à geração de dimensões com as quais é possível produzir novas ideias. Partindo de uma formação que tenha em conta o papel e as necessidades particulares de cada aluno, permitindo vislumbrar o uso da tecnologia e a sua aplicabilidade a partir de um modelo inovador na sua execução e motivador para o utilizador final, que no caso deste estudo, devem ser todos.

É o caso de modelos como o ABP em AVA, que surgem dessa busca constante de transformação educacional, nascida de questões como: Quem ensina, Quem aprende, Para que serve o ensino, Para que serve a aprendizagem, Como ensinamos, Como aprendemos (Romero, 2011). Estas inquietações constantes dos professores, que na sua reflexão pedagógica dentro e fora da sala de aula, os levam a imaginar cenários mais próximos da realidade, talvez pensados para espaços sociais, económicos e políticos contextualizados, que lhes permitem resolver ou aproximar-se da resolução destas questões.

A Universidade de Santo Tomás - VUAD, entende este conceito definindo a sala de aula virtual como

"...não é simplesmente um espaço frio e cheio de informações que não são significativas no seu processo de aprendizagem, mas, pelo contrário, deve ser um meio que os aproxime do conhecimento, que os motive permanentemente e com o qual sintam um apoio constante, tanto da instituição como dos professores e tutores" (Morais, 2013, p.50).

É neste sentido que a teoria pedagógica emerge e a dinâmica que as novas tecnologias exercem sobre ela ganha relevância, propondo cenários que são potenciados pela procura de soluções para abordagens problemáticas, que, partindo do geral, recorrendo a diferentes áreas do conhecimento para a sua abordagem, conseguem especificar uma solução num caso particular.

O Modelo ABP sobre AVA (Romero, 2011) enquadra-se nesta visão, e, numa posição contrária à tradição educativa, concebe o sujeito como construtor da sua realidade, que aprende por si próprio, ou seja, no processo de aprendizagem, a autorregulação que permite a apropriação do conhecimento, onde a ABP possibilita o equilíbrio ao nível cognitivo na medida em que se incentiva a análise de situações reais do seu contexto pessoal e profissional.

Com base no exposto, é possível refletir sobre alternativas pedagógicas para fortalecer a educação a distância na Universidade Santo Tomás - VUAD, apoiada nas TIC, onde o aluno é o protagonista, ao mesmo tempo que é acompanhado pelo seu tutor, a quem cabe alimentar as descobertas em termos de conhecimento e focalizar os resultados na resolução de problemas e hipóteses.

Desta forma, o modelo ABP em AVA apresenta-se como uma alternativa para apoiar e potenciar a reflexão atual nestes ambientes na Universidade Santo Tomás-VUAD, contribuindo para o pensamento crítico no processo de ensino e aprendizagem, procurando que o estudante compreenda e aprofunde adequadamente na abordagem de hipóteses para problemas reais no seu contexto profissional, na ordem filosófica, sociológica, psicológica, histórica e prática. Busca-se, assim, uma abordagem integral, onde prevalece a motivação para a aprendizagem consciente e o trabalho sistemático em grupo, apoiado em experiências colaborativas que são mediadas pelo uso das TIC.

Perguntas sobre o estado

Com base nos campos de análise em que o projeto se enquadra, aprendizagem baseada em problemas (PBL), construtivismo, conectivismo, aprendizagem colaborativa-cooperativa, ambientes virtuais de aprendizagem, didática e sua aplicação em cenários de aprendizagem e ensino, é gerada uma abordagem ao estado da arte.

Para o desenvolvimento desta exploração, foi efectuado um percurso de exploração de fontes documentais e digitais, a partir de um inventário reconhecido de bases de dados, bibliotecas, revistas especializadas, artigos de investigação e livros.

Rota de exploração

O percurso de exploração das fontes documentais consistiu na consulta de revistas científicas especializadas nos temas, trabalhos de conclusão de curso e obras que tratam do assunto levantado para esta pesquisa.

- Livros: Biblioteca Luís Ángel Arango, Biblioteca Nacional, Biblioteca Universitária Pedagógica, Biblioteca Fray Luis J. Torres, O.P., Biblioteca Fray Bartolomé de las Casas, O.P.

- Revistas especializadas: Revista Iberoamericana de Educación, Revista Internacional Magisterio, Revista Esquemas pedagógicos, Revista Magistro.

- Outros trabalhos de investigação: Teses de mestrado e doutoramento em educação: Universidad Santo Tomás, Universidad Javeriana, Universidad de los Andes, Universidad Pedagógica, Universidad de la Sabana, Universidad Nacional de Colombia, Universidad de Costa Rica, Universidad CEU San Pablo, Universidad San Martín de Porres, Universidad de Castilla-La Mancha.

Rota de exploração de fontes digitais:

- Bases de dados em linha: ScienceDirect, E-libro, Ebrary, Environment Complete, EBSCO, proquest.

- Revistas especializadas em linha: The Harvard Educational Review, The international Review of Research in Open and Distance Learning, Revista española de pedagogía, Revista eletrónica de Investigación Educativa.

Com base nesta exploração, foi organizado um inventário dos registos relevantes dos últimos cinco anos para cada uma das categorias de análise propostas na investigação, que são analisadas para a construção do estado da arte.

Domínio de investigação: Aprendizagem baseada em problemas (PBL), para esta categoria foi encontrado e analisado o seguinte catálogo:

- Livros (10)
- Revistas especializadas (15)
- Artigos de investigação (10)

A literatura revista para este campo de investigação refere-se a textos ou artigos de investigação publicados nos últimos seis anos, nos quais se pode observar a contribuição para este trabalho de investigação em termos de:

- A relação ensino-aprendizagem face às pedagogias orientadas para os problemas
- A eficácia da implementação da Aprendizagem Baseada em Problemas no ensino à distância
- A abordagem humanista, social e tecnológica, no âmbito de um ensino orientado para os problemas.
- Desenvolvimentos teóricos e didácticos na aprendizagem baseada em problemas

Domínio de investigação: Construtivismo, conectivismo e aprendizagem colaborativa-cooperativa.

- Livros (18)
- Revistas especializadas (24)
- Artigos de investigação (20)

Para este domínio de investigação, é efectuada uma revisão da literatura e dos trabalhos de investigação publicados nos últimos seis anos, destacando para este trabalho contributos em termos de:

- Construção colectiva e socialização do conhecimento
- Recursos de formação através de software de fonte aberta
- Aprendizagem significativa, distributiva, dinâmica, flexível e reflexiva
- Comunidades de prática e aprendizagem
- Ambientes sociais para a construção de conhecimentos
- Construção individual e colectiva do conhecimento
- Aprender fazendo, a partir de abordagens sócio-construtivistas

Domínio de investigação: ambientes virtuais de aprendizagem

- Livros (7)
- Revistas especializadas (11)
- Artigos de investigação (10)

A revisão deste cenário permitiu à presente investigação encontrar contributos nos seguintes eixos:

- Integrar as TIC nas necessidades educativas actuais
- Ensino à distância apoiado por plataformas baseadas nas TIC
- Factores de qualidade na educação mediada pelas TIC
- Modelos e abordagens da formação mediada pelas TIC
- Gestão operacional dos processos de formação apoiados pelas TIC
- As redes virtuais de aprendizagem como eixo dos processos de interação para a construção colectiva do conhecimento.

Domínio de investigação: Didática e sua aplicação em cenários de ensino e aprendizagem.

- Livros (5)
- Revistas especializadas (15)
- Trabalhos de investigação (12)

A partir deste campo de investigação, foi realizada uma revisão da literatura dos últimos seis anos, a partir da qual podemos destacar os eixos que contribuem para este projeto:

- Interação entre as metodologias de ensino e as TIC
- Fundamentos didácticos para o ensino e a aprendizagem apoiados nas TIC
- Estratégias de ensino centradas no aluno para a criação colaborativa de conhecimentos
- O trabalho em rede como estratégia didática para a articulação de conceitos ou ideias.
- Recursos TIC para uma integração efectiva e reflexiva nos processos de ensino e aprendizagem

A partir desta exploração e após a análise dos documentos encontrados nas diferentes fontes documentais e digitais, foram seleccionados dezassete estudos de investigação nacionais e internacionais sobre o tema proposto, considerados relevantes para o trabalho, o caminho proposto para esta seleção foi:

- -Relevância pedagógica e didática para um ou vários domínios de investigação seleccionados para este trabalho (Aprendizagem Baseada em Problemas (ABP), Construtivismo, Conectivismo e Aprendizagem Colaborativa-Cooperativa, Ambientes Virtuais de Aprendizagem, Didática e sua aplicação em cenários de aprendizagem e ensino).
- Construções, contributos e abordagens na conceção de modelos pedagógicos para a abordagem de conteúdos em cenários educativos apoiados pelas TIC.
- Estratégias didácticas apoiadas pelas TIC e potenciadas com a utilização de plataformas educativas, como suporte nos processos de ensino à distância.
- Experiências de investigação que relacionem modelos de ensino e aprendizagem em rede, como é o caso do conectivismo, que está em sintonia com as novas formas de aprendizagem através da utilização de redes.

Com base nestes critérios, foi possível identificar a intencionalidade dos autores nos campos de investigação propostos para exploração. Ao mesmo tempo, os documentos analisados permitem observar pontos de convergência concetual e de investigação a partir das diferentes experiências e perspectivas abordadas nos seus contextos, promovendo assim a discussão, o debate e a reflexão sobre propostas que, como esta, permitem a apresentação de posições alternativas sobre a formação a distância potenciada pelas TIC.

Para cada uma das referências apresentadas, são expostas as ideias gerais, o objetivo e os resultados obtidos na investigação, destacando o contributo para este estudo a partir dos seus resultados e conclusões, reconhecendo também, a partir da experiência alcançada, a abrangência em termos de construção de conhecimento com apoio das TIC, enquadrado com pedagogias e didácticas que permanentemente investigam e questionam as dinâmicas de formação e os espaços onde esta decorre.

Fontalvo et al. (2007), na sua investigação "Design of virtual teaching-learning environments and adaptive hypermedia systems based on learning styles models", propõem uma revisão teórica dos diferentes modelos e investigações desenvolvidos em torno do conceito de estilos de aprendizagem e da sua mediação através de ambientes virtuais de aprendizagem.

Os autores abordam, inicialmente, na sua investigação, uma contextualização do nascimento dos diferentes estilos de aprendizagem a nível teórico, a partir dos seus principais autores e modelos de aprendizagem; posteriormente, destacam os diferentes estudos realizados sobre a utilização de vários modelos na conceção e avaliação de ambientes virtuais de aprendizagem e terminam com o progresso do projeto que tem vindo a ser desenvolvido na Universidad del Norte (Barranquilla, Colômbia), que visa estabelecer os efeitos de um modelo de ensino virtual centrado nos estilos de aprendizagem no desempenho académico de um grupo de estudantes universitários.

A importância destes resultados para a presente investigação reside na forma de conseguir uma melhor compreensão das especificações didácticas que permitem a conceção de actividades académicas a realizar virtualmente, o que pode ser um fator importante na motivação e na construção do conhecimento por parte dos alunos.

O projeto baseia-se no estilo de aprendizagem de Felder (1993), que é aplicado a módulos a abordar em ambientes virtuais de aprendizagem, com base em sistemas de aprendizagem hipermédia adaptativos, referindo-se à adaptação dos conteúdos de aprendizagem, com base nas necessidades e capacidades dos alunos, ou seja, "A ideia da apresentação adaptativa é personalizar os conteúdos dos cursos, moldá-los às características específicas dos alunos, gerando modelos de utilizador" (Chen & Paul, 2003).

Esta perspetiva abre novos caminhos para os benefícios e potencialidades das TIC, mas também mostra a sua capacidade de adaptação às diferentes perspectivas educativas apresentadas pelos alunos na era atual, para discernir o alcance que a modelação de recursos, actividades e processos educativos pode ter, discernir o alcance que a modelação de recursos, actividades e processos educativos pode ter, com base nas necessidades ou capacidades de um aluno, é abrir um caminho para a interpretação e geração de construções baseadas em necessidades particulares, na aprendizagem e no ensino realmente em contexto, a partir do qual é possível transferir construções teóricas para cenários que, potenciados com a utilização das TIC, abrem novos debates nas formas de aprender e ensinar.

Alarcón, Pradas e Pais (2005) propõem, na sua investigação sobre a Inovação através de ambientes virtuais de ensino e aprendizagem, a utilização de espaços virtuais de ensino e aprendizagem para o desenvolvimento da inovação no ensino, na investigação e na gestão, para a conceção e o desenvolvimento de práticas eficazes, testemunhando uma mudança importante nos papéis e na relação entre o professor e o aluno, a fim de alcançar a autonomia e a independência do aluno no seu próprio processo de aprendizagem.

Os resultados desta investigação são importantes, na medida em que valorizam as experiências de utilização de ambientes virtuais como um método eficaz na transmissão de conhecimentos e na aquisição de competências por parte do aluno, que permitem uma maior autonomia no seu processo, conseguindo aprender a um bom ritmo, autogerindo o seu tempo e aprofundando a sua aprendizagem, que constrói o seu próprio conhecimento apoiado numa metodologia alternativa.

Os autores Garmendia, Barragués, Zuza e Guisasola (2014) propõem no seu Projeto de investigação para a formação de professores universitários de Ciências, Matemática e Tecnologia em metodologias de Aprendizagem Baseada em Problemas e Projectos, a conceção e implementação do programa ERAGIN da UPV/EHU, para a formação de professores universitários em metodologias activas de ensino sob o modelo de aprendizagem baseada em problemas e projectos.

O projeto envolveu a participação de professores de diferentes áreas, como a matemática, a tecnologia e as ciências naturais, que têm um mentor para a conceção de material didático a ser utilizado na sala de aula. Havia também outro grupo de professores das mesmas áreas que abordavam a sua disciplina de forma tradicional. Com os resultados dos dois modelos de aprendizagem (ABPyP e tradicional) foi efectuada uma comparação, obtendo-se na grande maioria dos casos melhores resultados de acordo com os parâmetros estatísticos. No entanto, atribui-se um significado relativo a esta última comparação, uma vez que as competências avaliadas, com exceção do conteúdo concetual mínimo, eram diferentes.

Em todas as implementações, os estudantes reconheceram que aprendem mais com esta forma de trabalho (ABPyP) do que com metodologias mais tradicionais ou habituais.

Os pesquisadores apontam que a Aprendizagem Baseada em Problemas, como uma estratégia pedagógica atual, permite abordar o conhecimento de forma didática, levando o aluno por caminhos onde, de forma construtiva, permite que ele gere conhecimento, mas não é apenas a metodologia que influencia essa construção, mas ela também é caracterizada pelo material didático e pelos momentos que são abordados no processo do modelo.

É de salientar que o grupo participante no projeto não só destaca os benefícios da estratégia pedagógica PBL e *P em termos da* possibilidade de ir além da resolução de um problema, como também remete as suas conclusões para a geração de estruturas conceptuais que permitem a apropriação de conhecimentos de várias disciplinas e como, através delas, se pode encontrar uma solução para uma questão, apresentando uma postura interdisciplinar sobre uma situação que pode ser real.

A pesquisa contribui para este estudo, como ponto de referência para o trabalho docente, que deve gerar no aluno inquietações para além dos conteúdos, onde as estratégias pedagógicas permitem escalar para outros níveis de ensino e aprendizagem, para este caso a ABP e *p*, orientam o fortalecimento de um conhecimento interdisciplinar, que converge para gerar soluções a partir de diferentes pontos de vista.

Posições educacionais como as referenciadas pelos autores Garmendia et al. (2014), norteiam um caminho que há alguns anos vem se desenvolvendo com pesquisas que focam sua atenção na geração de modelos de ensino a distância como o ABP - AVA, exposto nesta pesquisa, que direcionam sua atenção para além dos conteúdos, e permitem a quem aprende e a quem ensina, caminhos inexplorados, na busca da melhor solução para a abordagem de uma situação-problema.

IV. O projeto Metodologias que optimizam a comunicação em ambientes virtuais de aprendizagem, publicado por Salmerón, Rodríguez e Gutiérrez (2010) na revista Comunicar, propõe uma revisão teórica das experiências de aprendizagem cooperativa e colaborativa mediadas por computador com estudantes de diferentes níveis de ensino, com o objetivo de demonstrar as melhorias que uma conceção controlada e eficaz do trabalho em equipa proporciona no desenvolvimento dos aprendentes, utilizando a combinação adequada de métodos de aprendizagem ativa e ferramentas de aprendizagem em rede.

Os autores salientam na sua investigação que a comunicação é o elemento principal nos processos de ensino e aprendizagem, oferecendo um suporte inovador, permitindo ambientes virtuais de aprendizagem, como os oferecidos pelas plataformas de aprendizagem colaborativa mediada por computador, que oferecem comunicação, mediação e construção partilhada de conhecimentos.

Falar nesta perspetiva, em que a comunicação tira partido das plataformas educativas como mecanismos de interação entre os que aprendem e ensinam, é elucidar de alguma forma em modelos como o ABP-AVA mecanismos de diálogo permanente, que não precedem nem solicitam nenhum conhecimento particular para o debate, pois são em si mesmos gestores, precursores de diálogos, que através da utilização de redes e especificamente de plataformas educativas, possibilitam ecossistemas educativos de onde emergem novas posições, novos mecanismos, para que aprender e ensinar seja uma experiência enquadrada a partir das realidades quotidianas.

As conclusões e os resultados da investigação revelam uma melhoria das competências sociais e de comunicação, da motivação e do desempenho académico, independentemente do tipo de modalidade de aprendizagem partilhada pelos alunos.

As experiências analisadas indicam claramente que a utilização de plataformas virtuais para otimizar a comunicação facilita a aprendizagem colaborativa-cooperativa, independentemente do nível de ensino dos alunos. De um modo geral, todas elas foram muito positivas no que respeita a um maior envolvimento dos alunos na aprendizagem. Em particular, e referindo-se a outras variáveis educativas, concordam que conduziram a melhorias no desempenho académico e ao desenvolvimento de competências sociais para aprender com os seus pares, adquirindo novas competências sociais e de cidadania. Todos eles concluem pela melhoria das capacidades relacionadas com o domínio destas ferramentas informáticas para a competência, o tratamento da informação e a competência digital.

Do exposto, pode-se destacar que a aprendizagem colaborativa mediada pelo uso das TIC favorece a comunicação, a participação e a construção do conhecimento de forma partilhada, por sua vez, no exercício interativo da comunicação, a partilha de ideias, posições ou construções colectivas, permite referenciar os vários caminhos no ato de aprender e ensinar. Quando este é apoiado pelo uso das tecnologias, os caminhos de exploração aumentam a sua interpretação, o que para o professor-tutor vai enquadrar novos desafios na forma de orientar os caminhos que geram explorações verdadeiramente inovadoras.

As contribuições para a presente investigação inserem-se nas diferentes experiências de aprendizagem telemática, que empregam modalidades de trabalho colaborativo em ambientes virtuais, das quais é importante destacar que a comunicação nestes espaços é um dos aspectos mais importantes tanto nos processos de formação virtual como nos processos de formação à distância.

Falar então de modelos como o ABP-AVA que permitem a integração de espaços de aprendizagem colaborativa com o apoio das tecnologias, tanto de forma síncrona como assíncrona, permitem por sua vez gerar um diálogo permanente entre os diferentes actores, o que remete para cenários como o fórum de especialistas e as videoconferências com especialistas, espaços onde o aluno sente que o seu processo é constantemente acompanhado e orientado, Por isso, referir experiências como as dos autores Salmerón, Rodríguez e Gutiérrez (2010) é corroborar de alguma forma que os cenários educativos mediados pelas TIC devem levar o aluno e o professor através de espaços de diálogo e interação constantes, caso contrário a solidez dos seus conteúdos e o compromisso dos seus actores poderiam afetar de alguma forma a abordagem e o cumprimento dos objectivos da formação.

V. Os autores Gómez, Rojo, Lorenzo e Fernández (2012) propõem, na sua investigação sobre Os novos modelos de aprendizagem baseados nas tecnologias da informação e da comunicação nas licenciaturas em administração e gestão de empresas e a sua aplicação na Universidade CEU SAN PABLO, uma análise das diferentes possibilidades de ensino através das TIC na nova abordagem de aprendizagem estabelecida pelo EEES e a utilização que delas é feita na Universidade CEU San Pablo, como complemento do ensino presencial, outro ponto de análise feito pelos autores é a formação que estas novas ferramentas exigem dos professores de hoje.

Os autores destacam as fases que implementam nos métodos de ensino-aprendizagem destas competências, bem como os procedimentos de avaliação da sua aquisição. As fases abordadas são a preparação dos conteúdos pelo professor, a transmissão aos alunos, a aprendizagem pelos alunos dos conteúdos desenvolvidos aplicando as suas próprias estratégias e a avaliação da aprendizagem obtida, tendo em conta que as novas tecnologias devem estar presentes em todas as fases.

A integração das TIC no processo de ensino e aprendizagem conduziu a uma transformação do papel do professor, mas sobretudo da aprendizagem dos alunos, onde se reconhece que o aluno é um aprendiz ativo; daí que a investigação proposta conduza à criação de ambientes de aprendizagem mais flexíveis, a fim de chegar aos alunos com cenários interativos, eliminando barreiras de tempo e espaço, que promovam processos de auto-aprendizagem.

Os cenários educativos mediados pelas TIC, que conduzem o aluno através de espaços educativos baseados numa conceção e construção alternativas, preparados para a aprendizagem em contextos reais, são talvez um dos contributos mais significativos em investigações como esta. Baseiam-se em referências teóricas que permitem gerar linhas de trabalho claras no que diz respeito à aprendizagem, mas, ao mesmo tempo, orientam os seus participantes através da exploração constante de novos caminhos, gerados a partir do hipertexto, que o autor do curso constrói com base na sua planificação inicial, mas que são depois reconstruídos e melhorados com o acesso e as novas disposições daqueles que compõem a comunidade de aprendizagem.

VI. Os autores Roig e Martí (2012), na sua investigação, Indicadores de análisis de procesos de aprendizaje colaborativo en entornos virtuales de formación universitaria, afirmam que a aprendizagem colaborativa se caracteriza pelo facto de os estudantes trabalharem em conjunto para se ajudarem mutuamente na resolução de problemas, na troca e produção de conhecimentos e na melhoria da interação social. O exposto é dado a partir da análise dos indicadores dos processos avaliados de aprendizagem colaborativa virtual realizados num grupo de estudantes universitários, a partir dos quais se partiu da seguinte premissa: um contexto de aprendizagem colaborativa que utiliza a comunicação mediada pelo uso das TIC tem de enfatizar tanto a dimensão académica como a social, para ajudar a superar o isolamento que pode ser gerado pelos ambientes em rede.

O desafio da aprendizagem colaborativa mediada por ambientes virtuais é encontrar formas de organização de tarefas e de configuração de recursos que levem os alunos a mudar o seu ponto de vista através do desenvolvimento de capacidades e competências para chegar a compromissos e atingir objectivos partilhados; e é exatamente isso que queremos desenvolver na investigação proposta, como reflexão sobre as implicações das novas práticas e tecnologias em todos os domínios académicos.

Falar então de cenários educativos onde se partilham conhecimentos, experiências e se exploram novos significados, é iniciar novas histórias sobre a árdua tarefa de ensinar, que converge em espaços colaborativos como os propostos com a mediação das TIC, com a geração de dinâmicas potenciadas pela construção colectiva, Isto tem levado os investigadores a propor novos desafios, nos quais não só se geram cenários para tal, mas sobretudo se encenam dinâmicas de aprendizagem colaborativa, a partir das experiências e aprendizagens noutros espaços, e que se transformam em cenários de construção colectiva do conhecimento.

VII. Puente (2006), na sua investigação sobre a educação a distância na formação inicial e contínua na Faculdade de Educação da Pontifícia Universidade Católica do Peru, afirma que a educação a distância é uma modalidade alternativa devido à sua flexibilidade em termos de tempo, estratégias e estilos de aprendizagem, para além de permitir que os alunos desenvolvam autonomia na sua aprendizagem, aprendendo ao seu próprio ritmo sem sofrerem pressões de grupo; que desenvolvam competências que lhes permitam discriminar informação relevante, identificar fontes de conhecimento e utilizá-las, contrastando os seus dados com a realidade, construindo conhecimento e aplicando-o adequadamente.

Este estudo permite-nos situar as formas como as necessidades da educação a distância devem ser encaradas e como um ambiente virtual de aprendizagem influencia um processo de aprendizagem; é essencial ter em conta os fundamentos teóricos da didática e a sua aplicação em cenários mediados pelas TIC. Estes são fundamentais no âmbito da presente investigação, entendendo que a PBL permite a quem aprende e a quem ensina, a motivação constante para o desenvolvimento de hipóteses que contribuam para a elucidação de um problema, gerando assim autonomia nos processos de construção de novos conhecimentos ao seu próprio ritmo.

VIII. Os autores Cano, Garrido, Graván e López-Meneses (2015), na sua investigação Desenho e desenvolvimento do modelo pedagógico da plataforma educativa "Quantum University Project", destacam o tipo de formação denominada MOOC (Massive On-line Open Courses), desenvolvendo-se a partir de uma perspetiva descritiva do desenho pedagógico e do fundamento paradigmático do ambiente virtual. As bases essenciais em que assenta este projeto pedagógico são o modelo integrativo sócio-construtivista e conectivista, juntamente com uma avaliação enriquecida com a participação do professor-tutor; um aspeto diferenciador em relação a outros modelos pedagógicos mais encapsulados.

As metodologias utilizadas, sob a supervisão do tutor do MOOC (designação dada ao tutor neste modelo), permitem aos estudantes gerar coletivamente conhecimentos aplicados a problemas académicos e/ou profissionais, tornando-os protagonistas autónomos do seu processo de formação e envolvendo-os em situações de aprendizagem aberta e de investigação reflexiva. Desta forma, são adquiridas competências que servirão para o desenvolvimento sustentável da aprendizagem ao longo da vida em contextos académicos, profissionais e pessoais. Como já foi referido, o modelo integrativo sócio-construtivista, conectivista e investigativo permite a utilização de estratégias didácticas e de actividades electrónicas de grupo que facilitam a aprendizagem colaborativa, a criação de comunidades digitais e de recursos online que ajudam à reflexão e à criação de conhecimento.

Isto permite que os estudantes se familiarizem ou se apropriem de um processo massivo de aprendizagem ativa, baseado nas suas próprias experiências com a informação num ambiente didático digital, patrocinado pela perspetiva paradigmática integradora. Desta forma, o "MOOC Didático" (Cano et al., 2015) permite que os processos de formação sejam mais interactivos e construtivos, os alunos são os protagonistas do seu processo de aprendizagem, de modo a que as acções de formação incorporem as ideias e experiências dos alunos, em situações de colaboração.

Neste sentido, a investigação permite-nos refletir sobre os eixos da construção do conhecimento, da experimentação colaborativa e da resolução de problemas, à escala individual e de grupo, bem como sobre a utilização de ferramentas de comunicação que facilitem a aprendizagem colaborativa entre os alunos, onde cada participante tem um papel definido e onde o professor participa como mais um colaborador, mas com as funções de guia e mediador, garantindo a eficácia da atividade colaborativa.

IX. Sobrino (2014), em sua pesquisa intitulada "Contribuições do conectivismo como modelo pedagógico pós-construtivista", identifica as contribuições do conectivismo no processo de ensino não tanto como uma teoria de aprendizagem, mas como uma proposta pedagógica, tomando como referência que o conectivismo descreve a aprendizagem como um processo de criação de uma "rede de conhecimento pessoal", uma ideia consistente com a forma como as pessoas ensinam e aprendem na web 2.0.

Esta pesquisa propõe um passeio pelos diferentes relatórios para o Ensino Superior onde relacionam o e-learning com a metodologia construtivista e como o conectivismo nasce a partir destes, além de identificar os diferentes postulados de autores que trabalharam ou propuseram o conectivismo como método pedagógico, alguns deles são: Johnson, Adams Becker, Estrada e Freeman, (2014), Bell (2011), Downes (2005) e Siemens (2006b).

Este tipo de projeto permite canalizar a informação e a forma como o construtivismo, que nasceu no trabalho de processos presenciais, é levado para outro espaço como a era digital, utilizando ferramentas tecnológicas nos processos de aprendizagem; e como isto dá origem a um novo termo "conectivismo", que relaciona o e-learning com o construtivismo; considerado para a presente investigação como uma referência que permite ligar as concepções pedagógicas tradicionais com a utilização e apropriação das TIC.

X. Os autores Huaman Castro e Cueto (2014), no seu artigo Primer MOOC en el Perú: Experiencia y resultados de una nueva forma de generar conocimiento con un enfoque pedagógico conectivista en la Universidad de San Martín de Porres, têm como objetivo relatar os resultados e a experiência do desenvolvimento do primeiro MOOC peruano criado na USMP, e disponibilizado à comunidade na plataforma MiriadaX da Universia, Espanha. A experiência foi realizada no âmbito dos princípios da teoria pedagógica do conectivismo.

A investigação relata a experiência de um curso que prepara os professores para a gestão de estratégias metodológicas aplicadas a cursos virtuais, tais como a procura, seleção e organização de recursos educativos para o ensino virtual, a conceção de actividades virtuais utilizando as ferramentas oferecidas pela sala de aula virtual Moodle e a implementação de actividades Web 2.0 em plataformas virtuais.

A metodologia das aulas virtuais baseia-se nos fundamentos do Construtivismo, em que o professor não é o centro do processo de aprendizagem, nem o conteúdo como no behaviorismo. Não há ditado ou transferência de conhecimentos, mas sim o acompanhamento do tutor/professor, de forma a conseguir uma aprendizagem significativa ao longo do processo.

Neste sentido, a investigação permite a identificação de boas práticas a partir da experiência adquirida na aplicação da abordagem pedagógica conectivista na

Universidade San Martín de Porres, nesta perspetiva, as conclusões e os resultados obtidos permitem que a presente investigação estabeleça novas referências para a construção do conhecimento com base em modelos como o modelo conectivista, que orientam novos caminhos para a conceção de didácticas e actividades electrónicas de grupo que facilitem a aprendizagem colaborativa e a criação de comunidades digitais para os estudantes.

XI. O autor Bartolomé (2011), em sua pesquisa "aprender em rede e na rede" (p. 3), expõe o nascimento do conectivismo como uma teoria de aprendizagem que foi proposta inicialmente por Downes (2005) e Siemens (2006a), neste é apresentado um percurso epistemológico sobre os postulados destes dois autores, e como esta teoria foi ganhando adeptos na blogosfera. O autor defende que esta teoria é adequada para pessoas que trabalham na educação a distância, tendo em vista que estas são fortalecidas pelo uso das tecnologias na aprendizagem. O autor defende que no conectivismo, a aprendizagem ocorre através de um processo de conexão e geração de informações no contexto de uma comunidade de aprendizagem, onde através da troca de informações entre um grupo de pessoas é possível gerar novos conhecimentos e habilidades do aluno ao longo do tempo.

O conceito de conectivismo permite orientar e transcender os postulados construtivistas, ao propor cenários onde é possível incluir as TIC como mediadoras e potencializadoras da aprendizagem e do ensino, o acima projetado na presente pesquisa, permite aderir estratégias, recursos, atividades ao Modelo ABP sobre AVA, promovendo assim cenários de troca e construção coletiva do conhecimento.

Os autores Morales-López, Muñoz-Comonfort, e Fortoul-van der Goes, (2016) propõem na sua investigação Avaliação do tutor na aplicação da estratégia de aprendizagem baseada em problemas nas disciplinas de Integração Clínica Básica I e II, as diferentes didácticas de aprendizagem que um tutor que trabalha com a estratégia de Aprendizagem Baseada em Problemas (ABP) deve ter e como deve interagir com um grupo de alunos sob esta metodologia.

O projeto baseia-se na avaliação feita pelos alunos dos diferentes grupos onde o modelo foi aplicado. Os autores utilizaram o instrumento proposto por Martínez-González (2010), onde utilizaram uma escala de Likert para avaliar o papel do tutor como facilitador na estratégia PBL, avaliando as seguintes categorias: orientação do aluno no processo de aprendizagem, participação na construção dos conteúdos trabalhados pelos alunos e seu comprometimento com a aprendizagem do grupo.

Uma das conclusões de maior impacto para esta investigação é a identificação do papel do tutor que trabalha com uma estratégia de aprendizagem como a PBL, que se centra na estimulação do trabalho em grupo, na identificação de temas de aprendizagem, na análise de problemas e casos, na participação em sessões de tutoria e como eixo fundamental estar muito bem alicerçado no processo de formação com esta metodologia.

Nesta perspetiva, o modelo formulado nesta investigação da ABPAVA está em sintonia com a dinâmica de acompanhamento e motivação permanente do processo, permitindo que o estudante, o tutor e os especialistas estabeleçam diálogos síncronos e assíncronos durante a sua abordagem, a partir dos quais espaços como "Sus recomendados" um wiki que é construído no momento da "Fundamentación" permite que todos os participantes exponham e discutam as descobertas em termos de conhecimento face a um problema colocado.

Na Análisis de ambientes virtuales de aprendizaje desde una propuesta semiótica integral de Álvarez Cadavid e Álvarez (2012), expõem "as considerações adicionais que devem ser tidas em conta na conceção de um ambiente virtual de aprendizagem onde nem tudo deve remeter para a perspetiva verbal (comunicação), mas raramente têm em conta os outros recursos indispensáveis para o desenvolvimento do AVA, como as imagens, a hipermedialidade, a interface gráfica, entre outros.

A investigação expõe uma proposta de análise semiótica abrangente de ambientes virtuais de aprendizagem que foi desenvolvida pelos autores e implementada para testar a sua viabilidade na formação em linha. Uma das principais reflexões deste tipo de análise é que os aspectos organizacionais dos cursos têm a ver com a forma como são construídas as disposições de entrada para um processo de ensino e aprendizagem.

Uma das conclusões mais importantes do trabalho de investigação tem a ver com as reflexões sobre a importância de conhecer e reconhecer como transmitir informação através de ambientes virtuais de aprendizagem, para o que é necessário contemplar a conceção do curso e a sua implementação, bem como a integração de formatos comunicativos que permitam reforçar a interação entre professores e alunos.

Com base no exposto, os autores propõem que professores e alunos sejam formados para a compreensão e capacitação dos hipermédia comunicativos, o que permitiria uma melhor interação entre a "tríade pedagógica" (professores-alunos-conteúdos), afirmando que não se trata apenas de utilizar ferramentas, documentos, links, vídeos, etc., mas também de compreender o potencial simbólico que cada um deles representa e possibilita no âmbito dos processos de ensino e aprendizagem. Trata-se também de compreender o potencial simbólico que cada um deles representa e possibilita nos processos de ensino e aprendizagem.

Uribe (2014) propõe em sua pesquisa O que são ambientes virtuais de aprendizagem tão virtuais? Uma reflexão a partir de Pierre Lévy e Edgar Morin, uma abordagem do termo virtual de um entendimento antagônico para o comum, analisando as contribuições de dois grandes pensadores Pierre Lévy e Edgar Morin.

A investigação desenvolvida pelo autor começa com a análise de três plataformas tecnológicas onde estão implementados os ambientes virtuais de aprendizagem Eleven, Moodle e AVES-FD da Universidade de Córdoba-Colômbia, com o objetivo de encontrar as semelhanças entre eles e a forma como cada um aborda a virtualidade. Uma vez analisado cada um dos AVAs, procede-se a uma comparação do que foi caracterizado como virtualidade segundo os pensadores Pierre Lévy e Edgar Morin.

O autor conclui em sua pesquisa que "a virtualização da existência e a existencialidade do conhecimento" (2014, p.10), portanto, o virtual não deve ser assumido como o oposto ou a falta da realidade, mas como uma outra forma de conceber a virtualização, ou seja, a compreensão humana do real. Portanto, não há oposição, mas sim uma extensão da virtualização.

Com base no exposto, o autor propõe algumas características fundamentais na conceção, construção e implementação de ambientes virtuais de aprendizagem, com base nas propostas conceptuais de Lévy e Morin, para que sejam bem sucedidos na sua aplicação e cumpram plenamente o que é referido no termo "virtualidade". Algumas destas características referem-se aos processos comunicativos e de socialização do conhecimento, que são concebidos na sua primeira fase como um processo de diálogo entre os seus actores, entre aqueles que frequentam o espaço virtual de aprendizagem e como as dinâmicas que surgem começam a desenvolver novos percursos de aprendizagem, que podem afastar-se ou ser contrários aos objectivos inicialmente traçados pelos seus autores.

Por outro lado, Onrubia (2015) apresenta sua pesquisa Aprender y enseñar en entornos virtuales: actividad conjunta, ayuda pedagógica y construcción del conocimiento (Aprender e ensinar em ambientes virtuais: atividade conjunta, apoio pedagógico e construção do conhecimento) a partir de dois eixos fundamentais, o marco teórico e as implicações do marco. No primeiro, projecta um quadro teórico construtivista e sociocultural para o estudo e análise dos processos de ensino e aprendizagem virtuais, estruturado em torno dos três conceitos referidos no título da sua investigação: "atividade conjunta", "apoio pedagógico" e "construção do conhecimento". No segundo, descreve algumas das implicações deste quadro para a conceção e avaliação de ambientes virtuais de ensino e aprendizagem em geral, e para a conceção e avaliação de "objectos de aprendizagem" em particular.

Por conseguinte, o projeto fornece elementos para a elaboração de um quadro teórico sobre os processos de ensino e aprendizagem virtuais, a partir de abordagens analíticas e explicativas desses processos, bem como das tarefas de conceção e avaliação de ambientes, materiais e propostas de ensino e aprendizagem virtuais.

O autor expõe também os riscos que podem surgir quando se ensina num ambiente virtual de aprendizagem. O primeiro desses riscos é o de não reconhecer e considerar suficientemente a complexidade das relações entre as novas tecnologias da informação e da comunicação (TIC) e as práticas educativas, assumindo uma visão linear e simplista segundo a qual a incorporação das TIC nessas práticas constitui, por si só e necessariamente, uma melhoria da qualidade dessas práticas.

O segundo risco é o de centrar a discussão sobre a incorporação das TIC nos processos de ensino e aprendizagem nos aspectos tecnológicos e não nos aspectos propriamente educativos, o que transformaria a APV numa plataforma de estruturação de recursos digitais sem qualquer via pedagógica e cujos objectivos de ensino e aprendizagem seriam mediados pela utilização da ferramenta, mas não pela sua ligação ao processo de aquisição e valorização de diferentes tipos de conhecimento.

Silva (2011) apresenta em seu livro Conceção e moderação de ambientes virtuais de aprendizagem (AVA), os aspectos mais importantes na união do ensino - aprendizagem em ambientes tecnológicos, especificamente na conceção de intervenções didáticas nesses ambientes e na geração, desenvolvimento da comunicação e facilitação da aprendizagem, tudo isso levado ao processo de inovar no processo de ensino.

Noutra perspetiva, o autor expõe as características fundamentais dos ambientes virtuais, entre elas, o contexto, a situação, o cenário de aprendizagem, tudo onde se desenrolam os processos de ensino, separando metodologias e relações de comunicação.

O autor destaca cada situação didática, sobretudo na perspetiva da aprendizagem, que oferece uma combinação única e irrepetível de elementos curriculares e, em cada uma delas, a estratégia única que resultará do conjunto de decisões que o professor desenvolve nas fases de planeamento e aplicação da metodologia.

De igual modo, o autor apresenta a sua posição sobre o papel do tutor num ambiente virtual de aprendizagem, na perspetiva da gestão da comunicação, da facilitação da elaboração, da construção, da colaboração e do intercâmbio, aspectos que constituem a moderação num ambiente virtual.

A partir dessa perspetiva, o livro oferece um olhar alternativo sobre o processo de mediação pedagógica nos métodos de aprendizagem que são implantados em ambientes virtuais, permitindo que as pesquisas atuais incorporem cenários pedagógicos e didáticos que diferem das metodologias tradicionais na construção de espaços virtuais de ensino e aprendizagem. Entre eles, podemos destacar a vinculação de vários tutores num único espaço académico, que a partir das suas diferentes especialidades académicas e experiências de investigação, orientam e contribuem para o grupo de alunos na resolução de um problema formulado.

Batista, M. (2011) apresenta em sua pesquisa Consideraciones para el diseño didático de ambientes virtuales de aprendizaje: una propuesta basada en las funciones cognitivas del aprendizaje, uma proposta para o desenho didático de ambientes virtuais de aprendizagem sob um modelo instrucional, com base em pesquisa desenvolvida sobre o tema na Universidad Autónoma Metropolitana, Azcapotzalco, Cidade do México, México.

A proposta utiliza algumas particularidades do design instrucional, mas também tem uma abordagem própria dada pelo autor que gira em torno das funções básicas das Tecnologias de Informação e Comunicação na aprendizagem, tais como o fornecimento de estímulos sensoriais e a mediação cognitiva.

O modelo apresentado pelo autor pode ser tomado como referência para a conceção de ambientes virtuais de aprendizagem aplicados a diferentes disciplinas, em qualquer modalidade educativa, seja ela online, presencial ou mista. O modelo baseia-se em dois elementos conceptuais básicos que os ambientes virtuais de aprendizagem devem conter: o design instrucional e o design da interface. O modelo destaca o papel da interface como elemento fundamental para implementar o fornecimento de estímulos sensoriais e a mediação cognitiva.

A proposta didática baseia-se nas teorias cognitivas da aprendizagem, pelo que procura gerar as condições necessárias para promover a aprendizagem através de actividades didácticas que permitam confrontar as estruturas cognitivas do aluno com outras estruturas mentais, onde o aluno é chamado a processar a informação e a construir o seu próprio conhecimento. A utilização adequada de estratégias didácticas baseadas na psicologia cognitiva, como as que se seguem, favorece a aprendizagem: a) Promover o desequilíbrio cognitivo. b) Promover a interação de alto nível. c) Promover o desenvolvimento de competências para pensar e aprender. d) Promover a aprendizagem colaborativa. e) Gerir os recursos atencionais. f) Gerir os recursos motivacionais.

Neste modelo instrucional, é importante destacar a interface na conceção dos ambientes virtuais de aprendizagem, razão pela qual é considerada o elemento central, valorizando assim o papel dos designers gráficos e infográficos na construção destes espaços educativos.

Bautista Pérez, Borges Sáiz e Forés i Miravalles (2012) apresentam em seu livro Didática universitaria en entornos virtuales de enseñanza-aprendizaje, uma profunda reflexão sobre estratégias e práticas educacionais úteis e eficazes no processo de ensino e aprendizagem em ambientes virtuais, tudo isso no ambiente social em que a tecnologia é desenvolvida e imposta, em muitas ocasiões não foi acompanhada por uma visão ou pensamento pedagógico adequado.

Da mesma forma, o autor apresenta três visões principais da integração das Tecnologias de Informação e Comunicação (TIC) em ambientes universitários: a primeira é a tecnologia como um fim, atribuindo-lhe as capacidades e potencialidades da mesma; a segunda é a tecnologia como uma moda, onde é utilizada indiscriminadamente sem ter em conta a sua adequação didática; finalmente, a visão crítico-pedagógica, onde o importante é a inovação e a melhoria metodológica, aproveitando as diferentes possibilidades tecnológicas.

A partir destes contributos, a reflexão sobre como conceber e construir cenários educativos digitais mediados pelas tecnologias acrescenta ao debate elementos que são apropriados na investigação actual, tendo em conta considerações como a inclusão de estratégias pedagógicas como o PBL, que obedecem à procura constante de posições alternativas para a construção de conceitos, que quando integrados em espaços virtuais de aprendizagem, referenciam uma forma diferente e contextualizada de orientar os conceitos sem perder a profundidade e o rigor necessários, acrescentando por sua vez, a riqueza e os benefícios das redes e as suas múltiplas possibilidades em termos de utilização de ferramentas e recursos.

A delimitação do âmbito do estado da arte e o seu processo de seleção centra-se nas seguintes questões, que foram estabelecidas para observar o desenvolvimento de trabalhos ou investigações realizadas nos últimos seis anos, estas questões estão referenciadas no guia para a construção do estado da arte de Londoño, Maldonado e Calderón (2014):

- Quanta investigação foi efectuada?
- Quem é que investigou?
- Quais são as lacunas?
- O que é que foi conseguido?
- De que dimensões?
- Que aspectos devem ainda ser abordados?

Em primeiro lugar, no que respeita à questão "Quanta investigação foi feita? é evidente que os campos de investigação da aprendizagem baseada em problemas (PBL), do construtivismo, do conectivismo, da aprendizagem colaborativa-cooperativa, dos ambientes virtuais de aprendizagem, da didática e da sua aplicação em cenários de ensino e aprendizagem, embora não se encontrem em todos os trabalhos analisados na presente investigação, são abordados a partir de um contexto educativo, partindo de modelos de ensino tradicionais, que começam a ser inseridos na aprendizagem, com teorias pedagógicas emergentes, como o conectivismo, que contribuem para o ensino mediado pelas TIC.

Os que têm investigado estas questões são investigadores que abordam estes cenários a partir de linhas que, em geral, procuram ligações entre a educação e as TIC. O perfil académico destes investigadores centra-se em estudantes de pós-graduação e especializações no domínio da educação, quer como investigadores principais, quer como co-investigadores em projectos.

Os artigos que geralmente derivam do trabalho de investigação centram-se em artigos académicos, compostos por revisões teóricas ligadas a experiências de aprendizagem e de ensino, a partir das quais inovaram a forma de construir e partilhar o conhecimento, transformando-o num processo colaborativo, mas sobretudo participativo.

As principais lacunas concentram-se na forma de articular a pedagogia e os seus modelos com as práticas educativas em ambientes virtuais, onde ainda há um longo caminho a percorrer, sobretudo na implementação de estratégias pedagógicas que permitam a resolução de problemas reais em diversos contextos sociais. Da mesma forma, embora alguns trabalhos mencionem a forma como as fases do processo de ensino e aprendizagem devem ser aplicadas, a lacuna é evidente quando se apresentam os resultados completos sobre a aplicação no campo de estudo, do ponto de vista da renovação da metodologia de ensino baseada nas tecnologias de informação e comunicação.

Existem ainda lacunas no reconhecimento e divulgação de trabalhos e investigações sobre Ambientes Virtuais de Aprendizagem e modelos emergentes para a construção e dinamização destes espaços, o que permite a este trabalho dar um contributo para a conceção de modelos que permitam recriar cenários de troca de conhecimentos e saberes.

As evidências desta pesquisa permitem observar importantes conquistas em termos de renovação do conhecimento através do uso da tecnologia para a avaliação e acompanhamento das atividades de ensino, bem como a consolidação da estratégia de ensino PBL em cenários educacionais de graduação e pós-graduação, como parte importante do estímulo ao trabalho em grupo e colaborativo, a partir da análise e observação de problemas e situações presentes na sociedade.

Neste sentido, registaram-se progressos significativos em termos do alcance obtido pela utilização da comunicação apoiada nas TIC como eixo principal para o desenvolvimento de processos pedagógicos de uma forma optimizada, melhorando a formação e a preparação de professores e alunos durante o processo de formação.

Noutra perspetiva, os trabalhos e as investigações abordam dimensões pedagógicas e didácticas apoiadas pelas TIC, por sua vez, a partir de uma dimensão virtual e conectada com outras áreas do conhecimento. No entanto, considera-se importante trabalhar os possíveis efeitos que podem ser produzidos nos processos de formação a partir do virtual, com base na importância de o aluno experimentar diretamente as mudanças, contribuições ou transformações que podem ocorrer nos cenários reais onde existe um problema a resolver. É neste ponto, onde o tutor ou quem está a dirigir o processo pedagógico, deve ter uma preparação alternativa das diferentes reacções dos alunos a esta mudança na metodologia de ensino e aprendizagem, para não interromper um determinado processo educativo, já estabelecido numa determinada instituição ou local.

1. Quadro teórico

Para esta investigação, enunciam-se seis categorias de estudo, consideradas como eixos que nos permitem estabelecer o âmbito da construção do conhecimento no domínio da formação: Filosofia dos Ambientes Virtuais de Aprendizagem na Faculdade de Educação da Universidade de Santo Tomás - VUAD.

A primeira secção trata da pedagogia como disciplina fundadora do ensino. O capítulo inicia-se com uma reflexão, relevante para esta investigação, ao considerar a partir de uma situação problemática as múltiplas soluções que podem ser propostas, enquadradas no trabalho pedagógico em contextos reais; o capítulo avança para uma contextualização epistemológica deste conhecimento a partir de algumas referências, que sustentam e orientam a investigação.

O construtivismo como corrente pedagógica que orienta e fundamenta o Modelo ABP - AVA, permite nesta secção entrar brevemente em algumas conceptualizações e posições de determinados referenciais teóricos, que orientam o trabalho dentro e fora da sala de aula, bem como relacionar esta corrente com o processo de formação.

O conectivismo, enquanto teoria emergente dos postulados construtivistas, é abordado no capítulo seguinte. A partir desta perspetiva, são definidas e apresentadas algumas premissas para a sua abordagem e implementação em comunidades de aprendizagem e de prática, salientando a ligação com ambientes virtuais de aprendizagem e estratégias pedagógicas como a Aprendizagem Baseada em Problemas para a sua posterior aplicação.

A estratégia pedagógica, Aprendizagem Baseada em Problemas (PBL), é abordada a partir de seu conceito, permitindo estabelecer a partir de diferentes autores como: Araujo e Sastre (2008), Enemark e Kjaersdam (2008) e Majmutov (1983), os elementos fundamentais na construção de uma proposta pedagógica que permita a indagação, a desagregação conceitual como ponto de partida para a construção de novos conhecimentos.

A secção seguinte refere-se aos Ambientes Virtuais de Aprendizagem (AVA), que permitem a reflexão sobre esta nova dinâmica de interação suportada pelas TIC. Autores como Silva (2011), Caro; Rivas; Velandia e Ángel (2006) apresentam diversos posicionamentos que alimentam a proposta e orientam a fundamentação, que atualmente apresentam esses cenários de ensino e aprendizagem.

A abordagem ao quadro teórico termina com a análise das três categorias propostas para a construção do conhecimento, aquisição, participação e criação/construção. A partir daqui são apresentadas algumas teorias construtivistas que definem estes conceitos e que dinamizam o modelo ABP - AVA.

1.1 Isso é pedagogia

Carta enviada ao jornal "La Prensa" de Montreal, Canadá, por Alexandre

Calandra, professor na Universidade de Washington, I.

Há algum tempo, recebi um telefonema de uma colega que me pediu para arbitrar a correção de um exame. Ela tinha a certeza de que um aluno receberia um zero pela sua resposta a uma pergunta de física, enquanto o aluno afirmava que deveria receber a nota máxima, a menos que o "sistema" estivesse contra ele.

O professor e o aluno tinham concordado em submeter o caso a um tribunal imparcial, e eu fui escolhido como tal.

Fui ao gabinete do meu colega e lá li a pergunta do exame: "Mostre como é possível determinar a altura de um grande edifício com a ajuda de um barómetro".

O aluno tinha respondido:

Eleve o barómetro até ao telhado do edifício, amarre-o a uma corda comprida e baixe-o até à rua. Em seguida, volte a levantá-lo e meça o comprimento da corda. O comprimento da corda é igual à altura do edifício.

Verifiquei que o aluno tinha um argumento bastante plausível para que lhe fosse atribuída a classificação máxima, uma vez que tinha respondido completa e corretamente à pergunta. Mas se essa nota lhe fosse atribuída, estaria em vantagem em relação aos outros alunos. Sugeri que fosse dada outra oportunidade ao aluno para responder à mesma pergunta. Não me surpreendeu que o meu colega concordasse, mas surpreendeu-me que o aluno tivesse adotado uma posição semelhante.

De seguida, dei seis minutos ao aluno para responder à pergunta, avisando-o de que a resposta tinha de demonstrar algum conhecimento de física. Decorreram cinco minutos e ele não tinha escrito nada. Perguntei-lhe se queria abandonar o teste, mas ele respondeu "não". Tinha várias soluções para o problema e estava a tentar descobrir qual seria a melhor. Pedi-lhe desculpa por o ter interrompido e pedi-lhe que continuasse. Num minuto, ele escreveu esta resposta:

Leve o barómetro para o telhado do edifício, incline-se sobre a borda, deixe cair o barómetro e meça o tempo da sua queda com um cronómetro. De seguida, calcula a altura do edifício utilizando a fórmula S=a.t2. Desta vez, perguntei ao meu colega se aceitava. Ele concordou e deu ao aluno quase a pontuação máxima.

Estava a preparar-me para sair, mas o aluno interrompeu-me, dizendo-me que tinha outras respostas. Perguntei-lhe quais eram: "Ah, sim", disse o aluno. Há várias maneiras de determinar a altura de um grande edifício com a ajuda de um barómetro. Podemos, por exemplo, levar o barómetro para o exterior num dia de sol, medir a sua altura, o comprimento da sua sombra e o comprimento da sombra do edifício e depois, utilizando uma proporção simples, calcular a altura do edifício.

Muito bem", respondi, "E os outros?

Sim", disse-me ele, "há um método de medição fundamental que vai adorar. Segundo este método, pega-se no barómetro e sobe-se as escadas. Ao subir, marca-se o comprimento do barómetro ao longo da parede. Depois, conta-se o número de marcas e obtém-se a altura do edifício, em "unidades barométricas". É um método muito simples.

Naturalmente, se quisermos um método mais sofisticado, podemos amarrar o barómetro a um fio, balançá-lo como um pêndulo e determinar o valor de "g" ao nível da rua e ao nível do telhado do edifício. A altura do edifício pode, em princípio, ser calculada a partir da diferença entre os dois valores obtidos".

Por fim, concluiu que existem várias formas de resolver o problema, para além das já mencionadas.

Provavelmente o melhor", disse ele, "é pegar no barómetro e bater à porta do administrador do edifício. Quando ele atender, dizemos-lhe assim: Sr. Administrador, aqui tem um excelente barómetro. Se me disser a altura do prédio, eu dou-lho.

Nessa altura, perguntei-lhe se sabia a resposta convencional para o problema. À pergunta, ele admitiu que sim, mas argumentou que estava farto de todos os professores do ensino secundário que pretendiam ensinar a pensar, a utilizar o método científico, a explorar as profundezas da lógica de um assunto estudado, e tudo isto de uma forma pedante, como é frequentemente o caso na matemática moderna, sem mostrar a própria estrutura do assunto.

De volta ao meu gabinete, reflecti longamente sobre este aluno. Melhor do que todos os relatórios sofisticados que eu tinha lido até então, ele tinha acabado de me ensinar a verdadeira pedagogia, aquela que se agarra à realidade.

Com jovens assim, não tenho medo do futuro (1979, 27 de setembro, p. 60).

1.1.1 A pedagogia como disciplina fundadora.

Não pode haver uma teoria pedagógica que esteja isenta de uma conceção do homem e do mundo. O que é próprio do homem, a sua posição fundamental, como diz Marcel, (1967), citado por Freire, 1967), é a de "um ser em situação - situado e datado - um ser inserido no espaço e no tempo que a sua consciência intencional transcende ao concretizar o seu carácter histórico e a sua dupla dimensão" (p. 10).

A pedagogia e o objetivo da educação de hoje é a procura do pleno desenvolvimento da liberdade humana; esta procura só pode ser feita pelo próprio homem.

E quando nela estão presentes interesses pessoais ou de grupo, torna-se uma busca contra os outros e, portanto, uma falsa busca. Quanto mais o homem tomar consciência do seu contexto histórico e da sua realidade, mais será capaz de levar a cabo esta procura e de transformar a realidade. Ao ser capaz de se virar reflexivamente para a sua situação e de criticar a sua realidade, o aluno fica cada vez mais integrado nela. Por sua vez, quanto mais o aluno estiver inserido e não puramente adaptado à sua realidade concreta, mais ele se tornará sujeito de mudança, mais se afirmará como um ser de opções (Freire, 1967, p. 13).

Uma coisa é conhecer a realidade e outra coisa é vivê-la e experimentar as mudanças e transformações da situação-problema de uma forma pedagógica.

1.1.2 Epistemologia e Pedagogia.

A reconstrução do pensamento pedagógico implica necessariamente um processo de renovação dos esquemas de pensamento consolidados, ou seja, é necessário renovar os obstáculos epistemológicos que foram incorporados a partir da ideologia pedagógica dominante no pensamento, no sentimento e na ação dos professores. É por isso que, para Pérez (1993), o exposto permite construir, mais ou menos, um pensamento pedagógico prático consciente e tácito. Além de clareza nas teorias e crenças implícitas sobre o conhecimento, o aluno, a escola, a sociedade e a educação.

O desafio da reflexão sobre a prática pedagógica está ligado ao ato comunicativo dos indivíduos em busca de um conhecimento abrangente baseado em si próprios. O seu contexto de conhecimentos específicos. Reflexão que leva à formulação de teorias que enriquecem uma epistemologia da pedagogia. No final, é o pedagogo que, a partir do seu trabalho, deve gerar o conhecimento pedagógico.

Por seu lado, o conhecimento prático foi desenvolvido por S. Tomás, com base nas ideias de Aristóteles. Tomás defende o entendimento humano como uma potência capaz de dois tipos de actos: especulativos e práticos. Estes actos diferenciam-se de acordo com os fins que os orientam: enquanto os actos especulativos têm como fim a verdade, os actos práticos orientam-se para a ação. O domínio do especulativo é o inteligível e o domínio do prático é a ação humana.

Desta forma, São Tomás vislumbra de certa forma o caminho da pedagogia e, portanto, o caminho de trânsito do pedagogo, que recorre ao especulativo quando se insere na sua reflexão, na sua análise da situação problemática, quando é capaz de ligar interesse, necessidade e planear as estratégias de solução do problema, mas vai mais longe e do inteligível para tomar partido com acções concretas, para tornar essas hipóteses uma realidade em busca de uma solução para os problemas.

A partir do exposto, compreender o saber pedagógico é entender que ele não é certo, fechado, dogmático, pois o objeto sobre o qual reflete é o homem, um ser inacabado, mas, ao contrário, apresenta-se como uma construção constante. Nessa perspetiva, a proposta de pesquisa é formulada como uma alternativa para fortalecer as capacidades individuais, sem ignorar a função social do homem.

É assim que a educação como praxis é a educação da pessoa em todas as suas dimensões, como afirmava S. Tomás, a pessoa torna-se o sujeito, o ator da sua própria educação e, portanto, pertence ao domínio da ação humana responsável. É assim que o conhecimento pedagógico como praxis é definido como uma reflexão inacabada, não prescritiva, que deve constantemente reinterpretar a sua compreensão da tarefa educativa.

A pedagogia não pertence nem ao domínio da atividade teórica nem ao domínio da poiesis. Não é uma atividade teórica, porque o seu objeto e significado é constituído pelo homem na sua possibilidade de se educar, de se aperfeiçoar. Este homem, que definimos entre outras características como um ser histórico, não é eterno nem imutável, como o objetivo da vida teórica no sentido grego. O homem, pelo contrário, apresenta-se como um "mistério", como diz Guardini (1973), como um ser contingente e mutável.

A educação também não é poiesis. Ou seja, um ato produtivo ou uma atividade que visa atingir objectivos previamente seleccionados e validados com base numa teoria cientificamente construída, através de hipóteses, que legitima o conhecimento, posicionando-o como universalmente válido. A educação como práxis, contrária a qualquer tipo de reducionismo - tanto individual como social -, parte do conceito de homem como pessoa. Merino (2005) assinala que:

> A formação cultural, profissional ou científica de base deu tradicionalmente origem à ideia que confunde ou identifica a educação com as actividades de ensino-aprendizagem desenvolvidas nas escolas, academias, institutos, universidades ou outras instituições de ensino superior (...). Esta confusão ocorreu e é ainda hoje frequente na linguagem coloquial ou de rua. Embora seja uma contradição em termos, também aparece na linguagem técnica de forma subjacente e, por vezes, explícita. Além disso, alguns manuais pedagógicos, escritos nas décadas de 50 e 60 do século passado, elevam-na ao nível de um conceito, confundindo educação com escola (Merino, 2005, p. 113).

Aqui a afirmação de que a educação é práxis faz sentido porque é entendida como uma atividade mediada entre pessoas onde o diálogo se posiciona como o método pedagógico por excelência. A educação surge como uma atividade inter- e inter-subjectiva, que, sendo antropológica, se refere sempre ao homem, considerando-o como obra de si mesmo; um sujeito livre, responsável, com capacidade de escolha.

Mas como se pode chamar científico a um conhecimento que tem origem num processo de autorreflexão sobre a prática? A teoria social contemporânea, especialmente a chamada "teoria crítica" da ciência, dá-nos a chave. Para Habermans (1994), como para muitos outros pensadores contemporâneos, o mais preocupante na cultura contemporânea reside na ameaça que representa para o futuro da razão humana, que se tornou "razão instrumental", privada de qualquer função significativa na formulação de objectivos humanos ou fins sociais.

Habermas (1994), portanto, propõe-se refutar os pressupostos epistemológicos deste entendimento da ciência social e justificar filosoficamente uma ciência social que recupera o papel da razão humana no social. Na sua obra *Conhecimento e Interesse,* ele fá-lo desenvolvendo estas ideias. Verificando que as ciências naturais oferecem apenas um tipo de conhecimento entre muitos outros, refuta a ideia de que estas ciências possam estabelecer os critérios epistemológicos de avaliação de qualquer tipo de conhecimento. Defende uma epistemologia mais geral, provando que existem diferentes formas de investigação científica, cada uma das quais com a sua própria epistemologia e orientada para responder a diferentes necessidades e interesses humanos.

O terceiro interesse humano de emancipação, segundo Habermas (1994), dá origem à ideia de uma ciência social crítica, uma ciência que procura "iluminar" as pessoas sobre as origens das suas intenções, crenças e acções, desenvolvendo assim um conhecimento emancipatório, adquirido através da reflexão, que as torna mais conscientes dos fundamentos sociais e ideológicos da sua auto-compreensão, e assim as capacita para pensar e agir de uma forma racionalmente mais autónoma. O que é interessante é que os objectivos e valores desta crítica das ciências sociais, tal como definidos por Habermans (1994), são quase idênticos aos objectivos e valores da educação tal como definidos por Richard Peter (1994), que argumenta que o que distingue os seres humanos é o facto de possuírem linguagem, o que lhes permite valorizar o carácter racional das acções e crenças.

Por isso, para além de se dizer que Habermans consegue libertar as ciências sociais dos limites do empirismo, também se pode dizer que fornece os recursos epistemológicos para desenvolver uma teoria pedagógica que deixará de ser uma ciência empírico-analítica em busca de um interesse técnico de previsão e controlo, mas uma ciência crítica que persegue o interesse pedagógico do desenvolvimento da autonomia racional e de formas democráticas de vida social. Assim entendida, a teoria pedagógica crítica não será sobre a educação, mas para a educação e, portanto, para os objectivos da educação. Isto é, a praxis pedagógica e as da teoria pedagógica serão a mesma coisa. Esta teoria é o que tem sido chamado de "praxeologia pedagógica" Juliao (2011).

Só uma cultura verdadeiramente empenhada em objectivos educativos que conduzam à emergência de uma sociedade nova e mais democrática poderá permitir que esta teoria pedagógica seja uma possibilidade prática. Com base no que precede, pode dizer-se que a pedagogia é o conhecimento teórico-prático produzido pelos professores através da reflexão pessoal e dialógica sobre a sua própria prática pedagógica. Consequentemente, uma das tarefas fundamentais da pedagogia é desenvolver capacidades que aumentem a competência comunicativa dos professores para que possam ser componentes no exercício da sua praxis dialógica e participar nos espaços em que são tomadas as decisões que lhes dizem respeito.

Assim, a pedagogia, mais do que uma teoria, passa a ser a forma de orientar os processos educativos. Esta pesquisa tem como foco a formação de licenciados e orienta no reconhecimento da relação professor-aluno, onde o papel do professor é assumido como orientador e facilitador no processo de ensino a distância, apropriando-se dos valores humanos em qualquer tipo de espaço onde ocorra o ensino e a aprendizagem. O contributo da pedagogia nesta investigação é fundamental no reconhecimento e integração das diferentes formas de aprender e ensinar, que por sua vez convergem num conceito que orienta este trabalho, a construção de cenários pedagógicos que potenciam o desenvolvimento prático dos conteúdos, a partir dos quais se utiliza a problematização como dispositivo para ativar ideias alternativas na conceção e construção de espaços de aprendizagem.

Nesta mesma perspetiva, a formação de licenciados na Universidade Santo Tomás na sua modalidade aberta e à distância, a pedagogia é considerada como uma disciplina fundadora do trabalho como professores, tal como a considerava o sábio São Tomás, quando afirmava que o pedagogo deve inserir-se na análise de situações problemáticas que o levem a ligar interesses e necessidades. Mas deve também tomar partido e levar a cabo acções concretas que permitam a sua solução.

1.2 Construtivismo

A essência do construtivismo é o indivíduo como uma autoconstrução que é produzida como resultado da interação das suas disposições internas e do seu ambiente; o seu conhecimento não é uma cópia da realidade, mas uma construção da própria pessoa. Através do processo de aprendizagem, o aprendente constrói estruturas, ou seja, formas de organizar a informação, que facilitam a aprendizagem futura, são amplas, complexas e interligadas. São também "representações organizadas da experiência anterior, relativamente permanentes e servem como esquemas que funcionam para filtrar, codificar, categorizar e avaliar ativamente a informação que se recebe em relação a alguma experiência relevante" (Clifton, 2011, p. 23.). Desta forma, o conhecimento é um produto da interação social e da cultura onde todos os processos psicológicos superiores são primeiro adquiridos num contexto social e depois interiorizados (Cuero, 2005).

Isto significa que a aprendizagem não é uma simples questão de transmissão, de interiorização e de acumulação de conhecimentos, mas sim um processo ativo de reunir, alargar, restaurar e interpretar, construindo assim conhecimentos a partir dos recursos da experiência e da informação recebida. Nenhuma experiência declara o seu significado de imediato, mas os significados devem ser reunidos, organizados e extrapolados. A opção construtivista, ao rejeitar a possibilidade de uma verdade única, contém uma ética de conveniência, cujo cerne é a tolerância. Quando ninguém pode sentir-se no direito de reivindicar o ponto de vista correto e quando o diálogo e a discussão estão acima da imposição, então existe uma base para o respeito que a coexistência social exige.

1.2.1 As concepções construtivistas.

O paradigma construtivista começou a tomar forma no início do século XX, na sequência dos trabalhos do psicólogo e epistemólogo suíço Jean Piaget (1977), na década de 1920.

Piaget vem da biologia, interessa-se por filosofia, epistemologia e psicologia. Diz de si próprio "...não sou um psicólogo, sou um epistemólogo...", mas a sua obra é indispensável para a compreensão do desenvolvimento psíquico humano. Herda e sintetiza na sua obra múltiplas correntes que incluem até os modelos lógicos matemáticos do pensamento.

As ideias centrais da sua teoria são:

O conhecimento humano é uma forma específica e muito ativa de adaptação biblógica de um organismo vivo complexo a um ambiente complexo. Esta adaptação é interactiva, ou seja, o conhecimento humano surge na relação do sujeito com o seu ambiente (Piaget, 1977). Para compreender esta relação de um sistema vivo com o seu ambiente, a noção fundamental é a de equilíbrio em ambientes altamente mutáveis, para que um organismo permaneça estável e não desapareça, deve produzir modificações tanto no seu comportamento (adaptação) como na sua estrutura interna (organização).

O organismo cognitivo que Piaget postula selecciona e interpreta ativamente a informação do ambiente para construir o seu próprio conhecimento, em vez de copiar passivamente a informação que lhe é apresentada aos sentidos. Todo o conhecimento é, portanto, uma construção ativa do sujeito e das suas estruturas e operações mentais internas.

Os mecanismos deste processo de adaptação na construção do conhecimento são dois aspectos simultâneos, opostos e complementares: a assimilação e a acomodação. A assimilação refere-se ao processo de adaptação dos estímulos externos às estruturas mentais internas já formadas. A acomodação, por outro lado, refere-se ao processo de adaptação dessas estruturas mentais à estrutura desses estímulos.

O caminho para esta construção do conhecimento começa com as acções externas com objectos que a criança realiza, através de um processo de interiorização, transformando-se gradualmente em estruturas intelectuais internas. Esta interiorização é o processo de desenvolvimento intelectual do sujeito, que tem três períodos principais: a inteligência sensório-motora, a preparação e a realização de operações concretas e, finalmente, o pensamento lógico formal.

- O desenvolvimento intelectual é a premissa e a origem de toda a personalidade, e concebe-se também que, a partir do desenvolvimento do pensamento, se produz o desenvolvimento moral e afetivo da criança.

- Biológico: de crescimento filosófico, maturação natural e espontânea das estruturas do organismo.

- Da experiência individual adquirida em acções com objectos sociais, da coordenação inter-individual, da relação com o outro (partenaire) que pode ser uma criança, um adulto ou o espaço onde o sujeito é socializado.

Piaget (1978) concebe a aprendizagem como a construção de estruturas mentais pelo sujeito. O ensino também deve ajudar, deve favorecer o desenvolvimento da lógica da criança, estimular a descoberta pessoal do conhecimento, evitar a transmissão estereotipada, propor situações de desafio e contradições que estimulem o aluno a procurar soluções.

Levando em conta o exposto, o construtivismo como teoria da aprendizagem contribui de forma significativa para este trabalho, pois entende a construção do conhecimento a partir do próprio sujeito, que não é apenas a pessoa que recebe algum tipo de conhecimento ou ideia, mas também se torna um emissor de ideias. Para o caso específico do sujeito em questão, tomar parte do que está estabelecido na teoria do construtivismo facilita a orientação dos objetivos do trabalho com os alunos, de modo que a idéia central é torná-los pessoas mais proativas, colaborativas e, por sua vez, mais humanas.

1.3 Pedagogia dialética

Ao mesmo tempo que Piaget publicava os seus primeiros trabalhos, surgia de forma independente uma outra conceção do desenvolvimento do conhecimento humano, com os seus pontos de contacto e de divergência, que viria a ser designada por epistemologia dialética de Vygotsky (1979).

Vygotsky rejeita totalmente as abordagens que reduzem a psicologia e a aprendizagem a uma simples acumulação de reflexos ou associações entre estímulos e respostas. Há características especificamente humanas não dedutíveis de associações, como a consciência e a linguagem, que não podem ser alheias à sociologia. Ao contrário de outras posições (Gestalt, Piagetiana), Vygotsky não nega a importância da aprendizagem associativa[5], mas considera-a claramente insuficiente.

O conhecimento não é um objeto que se transmite de um para outro, mas é uma construção através de operações cognitivas e de competências que são introduzidas na interação social. Vygotsky (1979) aponta que o desenvolvimento intelectual do indivíduo não pode ser entendido como independente do ambiente social em que a pessoa está imersa. Para Vygotsky, o desenvolvimento das funções psicológicas superiores ocorre primeiro no nível social e depois no nível individual.

Vygotsky (1979) formula a *lei genética geral do desenvolvimento cultural*: qualquer função presente no desenvolvimento cultural da criança aparece duas vezes ou em dois planos diferentes. Primeiro aparece no plano social, depois no plano psicológico. Primeiro aparece entre as pessoas e como uma categoria intersicológica, depois aparece na criança (sujeito da aprendizagem) como uma categoria intrasiológica. À semelhança de outros autores, como Piaget (1978), Vygotsky concebeu a internacionalização como um processo em que certos aspectos da estrutura da atividade, que se realizaram num plano externo, se realizam depois num plano interno. Vygotsky afirma que todas as funções psicológicas superiores são relações sociais internalizadas.

Vygotsky distingue dois tipos de instrumentos mediadores de acordo com o tipo de atividade, a ferramenta e os signos. Uma ferramenta modifica materialmente o ambiente, enquanto um signo é um constituinte da cultura e actua como mediador nas nossas acções. Existem muitos sistemas de símbolos que nos permitem agir sobre a realidade, entre eles: a

---

[5] Esta é estabelecida sob a premissa de estímulo-resposta, e pelo interesse do investigador em obter uma resposta aos resultados obtidos no processo de estudo. Rescorla e Wagner (1972).

linguagem, os sistemas de medição e a arte. Ao contrário da ferramenta, o signo ou símbolo não modifica materialmente o estímulo, mas modifica a pessoa que o utiliza como mediador e, em última análise, actua sobre a intenção de uma pessoa com o seu ambiente.

Pode concluir-se que, de acordo com Vygotsky, a estruturação cognitiva não pede uma resposta específica, mas fornece uma estrutura para organizar elementos em relação uns com os outros. A estruturação cognitiva refere-se ao fornecimento de uma estrutura para o pensamento e a ação. Pode ser uma estrutura de crenças, de operações mentais ou de compreensão. É uma estrutura organizacional que avalia, agrupa e sequencia a operação, a memória e a ação, tornando este trabalho um conceito essencial para a construção do dinamismo pedagógico. Para esta pesquisa, o paradigma construtivista torna-se a fonte conceitual sobre a qual se constrói o modelo ABP-AVA implementado no espaço de formação Filosofia dos Ambientes Virtuais de Aprendizagem, é a partir de posições como a de Piaget (1978) onde afirma que o conhecimento humano surge da relação do sujeito com o meio, do qual é necessária a interação de ideias ou conceitos em diferentes campos de formação. Neste sentido, é gerada uma ligação necessária entre: cenários de prática do conhecimento do aluno. Através deles, a aprendizagem é definida como a construção de estruturas mentais.

Em outra perspetiva, a pedagogia dialética proposta por Vygotsky (1979) formula que o conhecimento teórico deve ser orientado em conjunto com a prática, desta forma, estabelecer conexões que permitam a abordagem de novas ideias, próximas aos contextos atuais será mais viável. Para esta pesquisa, as contribuições deste paradigma de aprendizagem são relevantes e complementares. A partir deles é possível reconhecer e conceber novas ferramentas ou modelos pedagógicos que estejam em sintonia com as novas formas de aprender e ensinar.

A pedagogia dialética e a relação entre o sujeito e o ambiente, incorpora um corpo de conhecimentos que enriquece a construção teórica em torno do modelo ABP-AVA incluído neste trabalho de investigação. Apesar de Piaget e Vygotsky terem posições opostas, apresentam pontos de confluência que permitem a discussão, ao mesmo tempo que enriquecem a fundamentação face aos modelos educativos emergentes apoiados na utilização das TIC, que geram cenários de diálogo, interação e prática, contribuindo para a aplicação dos conhecimentos teóricos através de actividades participativas e colaborativas.

1.4 O conectivismo, uma teoria que emerge dos postulados construtivistas

Com o desenvolvimento da *World Wide Web* (WWW) em 1989, as dinâmicas de ensino e aprendizagem alteraram-se significativamente. As aplicações Open Source geraram novos paradigmas de trabalho e construção colectiva, conduzindo em muitos casos a projectos de criação de cenários educativos digitais, como é o caso dos Learning Management Systems (LMS) como o *Moodle*.

Esta plataforma de criação e gestão de conteúdos educativos denominada Moodle é um exemplo que recria as novas dinâmicas de trabalho e aprendizagem em linha, a partir das quais é possível criar cenários educativos na perspetiva de vários autores que, a partir de qualquer parte do mundo e com conhecimentos particulares numa área específica, melhoram ou acrescentam elementos que talvez um dos autores não tenha contemplado.

Siemens (2004) define o conectivismo como:

> (,...) a integração dos princípios explorados pelas teorias do caos, das redes, da complexidade e da auto-organização, em que a aprendizagem é um processo que ocorre em ambientes difusos de elementos centrais em mudança - que não estão inteiramente sob o controlo do indivíduo.(p. 8).

Esta perspetiva estabelece o valor da aprendizagem quando esta está ligada a múltiplos pontos de vista, quando é determinada pela possibilidade de ligação, partilha e construção, como é o caso dos projectos de fonte aberta acima referidos.

Os Recursos Educativos Abertos, como os oferecidos pelo MIT[6], são outra possibilidade de ligação, partilha e construção; aqui os utilizadores, independentemente da sua área de formação ou trabalho e com base em interesses particulares, podem aprender ou aprofundar os seus conhecimentos, o que lhes permitirá estabelecer novas ligações de diferentes áreas do conhecimento no exercício da sua profissão.

Siemens (2004) estabelece alguns princípios do conectivismo, a partir dos quais é possível gerar ambientes educativos onde se promove o trabalho em rede, mas para além disso, estabelecem-se premissas para a sua conceção, destacando-se as seguintes:

- *A aprendizagem é um processo de ligação entre nós especializados ou fontes de informação.*

O autor refere-se à possibilidade de articular especialistas de diferentes áreas na construção de um espaço comum, como é o caso deste estudo. Da mesma forma, trata-se de compreender que o conhecimento é a integração de diferentes visões, de diferentes abordagens, onde através da interpretação e do alcance particular das suas possibilidades, é possível gerar novas propostas educativas, que, sendo analisadas pelo coletivo, permitirão uma construção mais relevante.

- *A aprendizagem pode residir em dispositivos não humanos.*

Nesse princípio, o autor reflete sobre os achados em termos de conhecimentos, presentes nos dispositivos, que em sua construção tomaram teorias e experiências anteriores para atingir seus objetivos. Nessa perspetiva, a exploração e a desconstrução como espaços para transformar ou aprimorar o que já foi criado é um cenário que permite ao conectivismo estabelecer novos diálogos em termos de aprendizagem e ensino.

- *A capacidade de saber mais é mais importante do que aquilo que se sabe atualmente.*

Perante este postulado, o autor refere a capacidade do ser humano para potenciar ou alcançar novos conhecimentos, propostas como a Universidade Aberta, que tornam visível o poder do trabalho em rede, permite a qualquer navegante a possibilidade de se formar em diferentes domínios ou competências. Os materiais educativos digitais cuja denominação está catalogada como Creative Commons, procuram partilhar conhecimentos ou trabalhos através da rede, permitindo a quem o faz proteger os seus direitos de autor intelectual, mas ao mesmo tempo permitindo ao mundo conhecer as suas posições, o seu alcance em relação à exploração do conhecimento.

- *É necessário cultivar e manter ligações para facilitar a aprendizagem contínua.*

O conectivismo como teoria de aprendizagem emergente face às novas dinâmicas de interação social em rede, como qualquer cenário ou comunidade, requer dinâmica para a sua sustentabilidade e solidez, sendo necessário para quem a integra estabelecer diálogos constantes que motivem a aprendizagem, explorando alternativas para a aquisição de conceitos e a sua relação com os outros.

Estas possibilidades, que consistem em alimentar e manter as ligações, são exploradas e encenadas na investigação atual, a tarefa de dinamização e interação é da responsabilidade de todos os que compõem a comunidade de aprendizagem, os espaços síncronos, como as videoconferências com o professor tutor e os especialistas, e os espaços assíncronos, como os fóruns e as *wikis*, permitem manter as ligações e fomentar novas.

- *A capacidade de identificar ligações entre domínios, ideias e conceitos é essencial.*

Barabási (2002) salienta que "os nós estão sempre a competir por ligações, porque as

---

[6] MIT - Massachusetts Institute of Technology que oferece uma publicação gratuita de materiais e cursos através do sítio Web http://ocw.mit.edu/courses/translated-courses/spanish/.

ligações representam a sobrevivência num mundo interligado" (p. 6), as pessoas, tal como as redes, aprendem na medida em que as suas ligações são feitas de forma relevante, quando conceitos simples conseguem encontrar significado e se articulam com outros mais complexos.

Nesta perspetiva, o conectivismo centra-se na aprendizagem conectada, que se baseia na conversação e na interação, utilizando dispositivos electrónicos que ligam o aprendente ao resto do mundo.

- *A atualização (conhecimento exato e atual) é a intenção de todas as actividades de aprendizagem conectivista.*

Wenger (1998) define as comunidades de prática como "pessoas que partilham uma preocupação comum, um conjunto de problemas ou um interesse sobre um tópico, e que aprofundam o seu conhecimento e experiência nessa área através de uma interação contínua" (p. 4), uma proposta que permite o reforço do conhecimento prático através da interação com os outros. Por sua vez, estas comunidades que encontram aliados e interesses comuns em todo o mundo, ligam as suas aprendizagens e experiências a novas soluções que foram trabalhadas noutra perspetiva, em locais geograficamente distantes, mas que graças às possibilidades de conetividade, permitem o acesso imediato aos seus postulados.

Ferramentas como blogues, podcasting, mods de jogos, são utilizadas para atualizar constantemente qualquer tipo de conhecimento, desde a partilha de conhecimentos, experiências ou opiniões, sendo considerados um hábito e uma prioridade nas teorias de aprendizagem conectivistas.

- *A tomada de decisões é, ela própria, um processo de aprendizagem.* Interação, usabilidade e relevância são princípios que o conectivismo utiliza para se referir à aprendizagem pessoal, sendo que o primeiro, Interação, tem a ver com a participação numa comunidade de aprendizagem ou numa comunidade de prática, o que estará implícito no segundo princípio. Usabilidade, no sentido de aplicar estes novos conceitos e novas aprendizagens da forma mais adequada e pertinente.

Por fim, a pertinência tem a ver com o que é pertinente, com o conhecimento que é considerado útil numa situação, ou com a solução de um problema, trata-se então de tomar decisões em relação aos processos de aprendizagem, para os quais será necessário evocar situações e respostas possíveis a fim de encontrar o conhecimento mais adequado.

- *O ato de escolher o que aprender e o significado da informação que se recebe é visto através da lente de uma realidade em mudança.*

Siemens (2004) salienta que "a informação é um fluxo, não uma coleção de objectos" (p. 12), entendendo que a informação flui constantemente, não é estática e o que pode ser relevante hoje pode não o ser amanhã. Neste sentido, o conectivismo estabelece que a aprendizagem deve ser orientada para processos de abertura, onde existem mecanismos de entrada para novas perspetivas, que podem então ser ouvidas e passar a fazer parte da interação de todos.

- *Uma decisão correcta hoje pode ser errada amanhã devido a alterações no ambiente de informação que afectam a decisão.*

A este respeito, Gleick (1987) afirma que:

No clima, por exemplo, isto traduz-se naquilo que é conhecido, meio a brincar, como o Efeito Borboleta: a noção de que uma borboleta a bater as asas hoje em Pequim pode transformar os sistemas de tempestades no próximo mês em Nova Iorque (p. 5).

No princípio, foi salientado o facto de o fluxo constante de informação ser o principal contributo para a compreensão de que a aprendizagem é dinâmica. Nesta perspetiva, a abordagem a este princípio convida a uma reflexão sobre a tomada de decisões e a compreensão das condições iniciais. Quando se escolhe a solução mais pertinente, verifica-se como as condições podem variar e, por conseguinte, essa decisão deixa de ser coerente, sendo o convite dirigido para o reconhecimento e a adaptação a novas circunstâncias.

O conectivismo como teoria emergente na aprendizagem em rede traz importantes contribuições para esta pesquisa. Essas contribuições são da ordem do fortalecimento do modelo ABP-AVA frente às novas estruturas de geração de conhecimento. Reconhece-se nesta teoria que os novos paradigmas de construção em rede obedecem à dinâmica de ligação entre nós, que, sendo especializados em diferentes áreas do conhecimento, conseguem satisfazer a construção colectiva de novos conceitos.

Nessa perspetiva, o modelo ABP-AVA estabelece para sua dinamização possibilidades de conexão entre diferentes áreas do conhecimento para a solução de um problema. Especialistas em áreas como pedagogia e didática, ambientes virtuais de aprendizagem, ferramentas digitais para a construção de ABP, técnicas de representação do conhecimento e técnicas de apoio, vêm para o espaço virtual orientar e dar pistas para a construção de hipóteses, que permitem a construção de soluções de forma particular, com base nas necessidades de conhecimento de cada um dos alunos.

Para este trabalho de investigação, o conectivismo representa uma postura pedagógica orientada para o conhecimento e a aprendizagem em cenários digitais, claramente influenciada pelo cognitivismo e pelo construtivismo, mas que se fundamenta nas necessidades actuais de formação, em que é possível aprender e preparar-se em qualquer área do conhecimento através do simples acesso à Internet. Modelos como o da Universidade Aberta, acima referido, permitem a qualquer internauta melhorar as suas competências em qualquer área do conhecimento através da orientação de especialistas, daí a capacidade de aprender mais e aceder a conhecimentos que há uns tempos atrás só residiam nos especialistas, hoje estão apenas com um "deu".

Tendo em conta o exposto, pensar em alternativas de formação fortalecidas com o uso das TIC não é apenas centrar a atenção nas ferramentas para que isso aconteça, trata-se de se apropriar de posturas pedagógicas que permitam identificar conexões entre diferentes saberes e fornecer recursos para a exploração e construção de novos, modelos como o ABP-AVA estão em sintonia com essa forma de dinamizar o conhecimento, ao guiar o estudante por caminhos de aquisição, de novas aprendizagens, mas também referenciar cenários de criação de novas.

1.5 *Aprendizagem baseada em problemas (PBL)*

Araujo e Sastre (2008) definem a Aprendizagem Baseada em Problemas (ABP) como uma nova perspetiva de ensino na universidade, uma estratégia que vem despontando como uma das abordagens mais inovadoras na formação profissional e académica atual, ganhando cada vez mais espaço nas universidades de todo o mundo. Inicialmente, a PBL era conhecida como Ensino Problemático, que é uma estratégia pedagógica; o investigador Majmutov (1983) define-a como um sistema didático baseado nas regularidades da assimilação criativa do conhecimento e forma de atividade que integra métodos de ensino e aprendizagem, que se caracterizam pelas características da investigação científica. Nele, alunos, tutores e especialistas, giram em torno da solução de um problema, as estratégias utilizadas para a abordagem dos diferentes conceitos são feitas com o objetivo de abordar, guiar e orientar para a solução do mesmo. Este tipo de ensino dá prioridade ao aluno, que como eixo do processo, constrói o seu próprio conhecimento a partir das interacções conseguidas com o grupo e dos preconceitos que cada um, a partir do seu trabalho como estudante e profissional em formação, possui.

1.5.1 *Contexto histórico.*

A aprendizagem baseada em problemas (ABP) deu seus primeiros passos no final da década de 1960, na Universidade McMaster, na cidade de Hamilton, Canadá (Araujo & Sastre, 2008), onde havia um problema de saúde pública causado por doenças respiratórias que afligiam a população, sem que se encontrasse uma solução conclusiva. Por esta razão, adoptou-se a adoção de problemas reais do meio ambiente para desenvolver competências relevantes para fornecer soluções para problemas de saúde. Cerca de 20 professores de diferentes universidades - liderados por Jhon Evans - debateram a estagnação na forma de educar, gerando a necessidade de uma mudança no processo de ensino-aprendizagem na área da medicina. É nessa área do conhecimento que a abordagem do ensino baseado em problemas tem sido mais evidente, especificamente a apresentação de casos clínicos para a compreensão e aplicação de conteúdos nas disciplinas médicas.

O termo Aprendizagem Baseada em Problemas (ABP) foi cunhado por James Anderson, Professor de Anatomia nesta universidade, que utilizou a metodologia da aprendizagem autónoma, levando os estudantes do primeiro ano a aprenderem o conceito de problemas para aprenderem medicina. Este facto deu origem ao termo Aprendizagem Baseada em Problemas. Os fundadores do programa PBL não se basearam apenas na metodologia de ensino de James Anderson de aprendizagem autodirigida; esta já era utilizada há muitos anos por Confúcio (500 a.C.), que não se concentrava na aprendizagem do aluno através da repetição, mas incentivava-o a pensar, a aprender por si próprio e a procurar as suas próprias respostas através da sua própria orientação.

Na Universidade McMaster, a ABP foi inicialmente aplicada no programa de medicina, mais tarde alargada aos outros programas da Faculdade de Ciências da Saúde, seguida de algumas disciplinas de engenharia aplicada. Para o grupo de trabalho da Universidade McMaster, a ABP não equivale à aprendizagem para a resolução de problemas, uma vez que o estudante não possui inicialmente toda a gama de conhecimentos ou competências necessárias para resolver problemas. O objetivo desta abordagem é simular o que os estudantes encontrarão na sua realidade profissional. À medida que o aluno avança no programa. Naturalmente, terá de intervir e, eventualmente, resolver esses problemas (Araujo & Sastre, 2008).

1.5.2 Concepções de PBA.

Ao longo dos anos, graças à experiência e à prática desta metodologia, podem ser identificadas várias concepções com as quais se expandem os elementos presentes na estratégia PBL, permitindo aumentar o grau de precisão na abordagem de um estudo, no qual se constroem dinâmicas de aprendizagem orientadas por este método.

Enemark e Kjaersdam (2008) definem PBL como um termo genérico para diferentes abordagens ao ensino e à aprendizagem. O termo pode estar relacionado com conceitos educativos baseados puramente na resolução de problemas, ou com conceitos que combinam cursos tradicionais com a resolução de problemas através do trabalho de projeto, no entanto, o que todos têm em comum é o facto de se centrarem no processo de aprendizagem do aluno. Dahle, Forsberg, Segerstad, Wyon e Hammar (2008) descobriram que o princípio básico de um estudo baseado em problemas é que o aluno identifica claramente um problema ou questão, procura de forma independente o conhecimento necessário para responder a essa questão e, em seguida, aplica o conhecimento necessário adquirido ao problema original. O conceito educativo de Aprendizagem Baseada em Problemas afasta a perspetiva de uma compreensão do conhecimento comum para uma capacidade de desenvolver novos conhecimentos, substituindo os manuais tradicionais pelos conceitos necessários para resolver problemas teóricos (Enemark & Kjaersdam, 2008).

A Aprendizagem Baseada em Problemas é uma estratégia pedagógica utilizada em muitas escolas médicas para facilitar a aprendizagem de conceitos científicos em casos clínicos (Boud & Feletti, 1997), os alunos trabalham com problemas reais da sua área profissional e não resolvidos no mundo real, onde tentam resolvê-los em grupos de projeto e com a utilização de tecnologias sob a orientação de um tutor; obrigando os alunos a aplicar conhecimentos de diferentes áreas e disciplinas, favorecendo soluções interdisciplinares, criatividade e inovação e competências de comunicação.

1.5.3 Aprendizagem baseada em PBL.

A evolução do ensino para uma abordagem baseada em problemas gera uma grande mudança tanto para o professor como para o aluno, sendo os aspectos mais importantes a preparação de um currículo que reflicta os novos objectivos de aprendizagem, a descrição do problema de forma adequada ao conteúdo do curso, a introdução dos alunos aos processos de auto-aprendizagem e ao construtivismo, e a gestão da incerteza que muitas vezes acompanha uma abordagem diferente na sala de aula (White, 2004). Introduzir os alunos aos processos de auto-aprendizagem e ao construtivismo, e gerir a incerteza que muitas vezes acompanha uma estratégia diferente na sala de aula (White, 2004).

Ao iniciar um curso com uma abordagem PBL, é muitas vezes difícil imaginar como desenvolver uma aula com esta metodologia. Por isso, é criado um currículo que reflete os aspectos mais importantes para a aprendizagem dos alunos. Araujo e Sastre (2008) identificam os sete aspectos principais que o currículo deve ter: informação sobre o curso, informação sobre o professor, textos, leituras e material, descrição e objectivos do curso, calendário e horário do curso, regras do curso e serviços de apoio disponíveis. Se os alunos que entram no curso têm pouca ou nenhuma experiência com a ABP, o currículo é o lugar certo para o professor explicar o que é a ABP (White, 2004), que é centrada no aluno, o que significa que a aprendizagem do aluno é central.

Uma vez que a ABP visa aspectos comportamentais para além do conteúdo, é provável que os objectivos do curso variem consoante a forma como o curso é concebido e executado. Por exemplo, as competências de comunicação oral ou escrita, ou a capacidade de encontrar e utilizar novas fontes, tornam-se frequentemente objectivos explícitos, mais do que noutros formatos, que não a ABP (White, 2004).

Com exceção de algumas disciplinas, nomeadamente a medicina e a economia, não existem bons problemas de ABP nos manuais escolares. Por conseguinte, o professor tem de os encontrar, modificar os problemas dos manuais ou desenvolver novos problemas que visem os objectivos teóricos da disciplina e os objectivos de aprendizagem (White, 2004). O problema deve permitir que o aluno seja associado a situações realistas sob a forma de estudos de caso ou situações. Estas podem ser apresentadas sob a forma de imagens, vídeo ou descrição escrita. Com base no estudo de caso, os aprendentes identificam o problema e definem os objectivos de aprendizagem adicionais necessários para compreender e desenvolver o estudo de caso (Margetson, 1998).

Durante o curso da disciplina, a orientação do tutor é essencial. O papel do tutor é estimular e ajudar o grupo de estudo e, se os alunos ficarem confusos no seu trabalho ou perderem a perspetiva, o tutor deve orientá-los de volta para áreas de estudo relevantes e níveis realistas de conhecimento (Svedin e Koch, 1990).

1.5.4 PBL no contexto da Universidade de Santo Tomás -VUAD.

A Universidade de Santo Tomás, o primeiro claustro universitário da Colômbia, fundada pela ordem dos pregadores (Padres Dominicanos) a 13 de junho de 1580 e inspirada no pensamento humanista cristão de São Tomás de Aquino, consagra a formação integral das pessoas no âmbito do ensino superior, através de acções e processos de ensino e aprendizagem, investigação e projeção social.

Desta forma, define-se o seu modelo pedagógico, que articula e dinamiza meios e mediações, ambientes e contextos, relações entre o ensino e a aprendizagem nos processos de ensino, investigação, projeção e extensão. Por sua vez, o Projeto Educativo Institucional (PEI) da Universidade de Santo Tomás define e desenvolve as componentes do modelo pedagógico através de seis aspectos: missão, história, objectivos estatutários, formação integral e currículo, em consonância com o modelo pedagógico inspirado no pensamento de Tomás de Aquino, que promove a formação integral.

O documento Modelo Pedagógico Educativo da Universidade de Santo Tomás, cuja última edição foi publicada em 2010, apresenta no seu quarto capítulo intitulado "Orientações Básicas do Modelo Educativo-Pedagógico no PEI" uma reflexão e contextualização da pedagogia da resolução de problemas como agente de procura de soluções alternativas para a resolução de problemas. Nessa perspetiva, o documento afirma que "a educação Problémica é vista como uma opção institucional que abrange todos os níveis do modelo pedagógico, inclusive no campo da pesquisa" (2010, p. 62), acrescentando que essa metodologia foi utilizada na pesquisa e exposição na obra de Tomás de Aquino, especialmente na Summa theologica. O pensador partia de um problema, que era enunciado de forma clara e concreta, e depois dividia-o em subproblemas que eram desenvolvidos de forma sistemática e lógica, posteriormente sujeitos a opiniões e resoluções argumentativas onde finalmente se tomava uma posição resoluta perante o problema central e os subproblemas gerados.

Neste contexto, podemos observar algumas implicações que têm sido tomadas como opção para o ensino da educação baseada em problemas. São elas, por exemplo, os sistemas modulares, que implicam um novo currículo centrado em problemas, como se verifica na Faculdade de Direito e, recentemente, na Faculdade de Comunicação Social e na Faculdade de Filosofia e Letras. Estas faculdades estão a trabalhar na formulação de problemas nos domínios de formação, onde, através de uma perspetiva holística que prevalece sobre uma visão parcial-especializada, procuram articular os diferentes domínios do saber. Do mesmo modo, esta formulação de problemas dá lugar a interesses de investigação, que procuram centrar a sua atenção em temas e questões, mas não em conteúdos.

O anterior contempla um desenho curricular numa equipa de professores, permitindo espaços de reflexão e análise desses elementos convergentes, que geram cenários inter e transdisciplinares, dos quais derivam problemas de investigação. Esta nova perspetiva de ensino, aprendizagem e investigação, alinhada com o pensamento tomista, em termos de formação integral, permite cenários onde é possível reorientar as funções docentes, obtendo uma visão global dos problemas e das suas interacções. Numa outra perspetiva, a Projeção Social está ligada às outras funções substantivas da Universidade e tem como objetivo primordial a ligação da academia à comunidade. Neste sentido, problemas reais em contextos de igual magnitude são dimensionados e abordados na perspetiva de uma pedagogia de resolução de problemas. É a partir desta abordagem, que professores e alunos das diferentes faculdades e programas académicos, iniciam a procura de soluções relevantes em projectos de desenvolvimento comunitário onde a pobreza e a marginalização são mais acentuadas.

Neste trabalho, a estratégia PBL (Enemark & Kjærsdam, 2008) permitiu incorporar alunos e professores no processo pedagógico, implementando dinâmicas de aprendizagem orientadas para a PBL como base para a liderança individual e colaborativa.

1.6 Ambientes virtuais de aprendizagem

Falar do binómio Educação e Tecnologia é encontrar uma postura transformadora, que das práticas educativas convencionais se chama reflexão e análise face ao aluno e professor atual, aquele que está imerso em constante interação com o uso de plataformas educativas e redes sociais, que talvez espere muito mais do que conteúdos organizados ou categorizados com base em horários.

Trata-se, então, de compreender em ambientes virtuais de aprendizagem cenários de encontro entre o professor-tutor e o grupo de alunos, sob posturas pedagógicas contemporâneas, recriando dispositivos didácticos onde a aprendizagem e o ensino se processam em contextos actuais, partindo de necessidades reais e alimentando de forma transversal a sua formação integral como seres sociais.

Silva (2011) define um Ambiente Virtual de Aprendizagem como "uma aplicação informática destinada a facilitar a comunicação pedagógica entre os participantes de um processo educativo, seja ele totalmente a distância, presencial ou de natureza mista, combinando ambas as modalidades em diferentes proporções" (p. 24). Esta definição, muito complexa, deve ser vista, como faz o autor, sob diferentes perspectivas, ou melhor, abordando cada um dos seus termos separadamente.

Numa outra definição de Ambientes Virtuais de Aprendizagem, o autor Miguel Ángel Herrera (2004) refere que são ambientes informáticos digitais e imateriais que proporcionam as condições para a realização de actividades de aprendizagem. Estes ambientes podem ser utilizados na educação em todas as modalidades (presencial, não presencial ou mista). Podem distinguir-se dois tipos de elementos nos ambientes virtuais de aprendizagem: constitutivos e conceptuais. Os primeiros referem-se aos meios de interação, aos recursos, aos factores ambientais e aos factores psicológicos; os segundos referem-se aos aspectos que definem o conceito educativo do ambiente virtual: a conceção pedagógica e a conceção da interface. Os elementos constitutivos dos ambientes virtuais de aprendizagem são:

a. *Meios de interação*: enquanto a interação em ambientes de aprendizagem não virtuais é predominantemente oral, a interação em ambientes virtuais é, por enquanto, predominantemente escrita, podendo, no entanto, ser multidirecional (através de correio eletrónico, ligações de vídeo, grupos de discussão, etc.), ou unidirecional (principalmente através da descodificação ou leitura de materiais informáticos, em que a informação só flui numa direção, como um diálogo), ou unidirecional (principalmente através da descodificação ou leitura de materiais informáticos, em que a informação só flui numa direção, como um diálogo). Onde a informação flui em duas ou mais direcções, como um diálogo), ou unidirecional (principalmente através da descodificação ou leitura de materiais informáticos, onde a informação flui apenas numa direção emissor-recetor).

b. *Recursos*: enquanto nos ambientes de aprendizagem não virtuais os recursos são geralmente impressos (textos) ou escritos (notas, anotações no quadro), nos ambientes virtuais os recursos são digitalizados (texto, imagens, hipertexto ou multimédia). Em ambos os casos (presencial ou virtual), podem ser utilizados apoios adicionais como bibliotecas, bibliotecas de jornais, bibliotecas virtuais, sítios Web, livros electrónicos, etc.

c. *Factores físicos*: embora os factores ambientais (iluminação, ventilação, disposição do mobiliário, etc.) sejam muito importantes no ensino presencial, nos ambientes virtuais de aprendizagem estas condições podem estar fora do controlo das instituições e dos professores, mas não deixam de ser importantes. Se o ambiente virtual de aprendizagem estiver localizado numa sala de computadores especial, é possível controlar as variáveis do ambiente físico. Caso contrário, as condições dependem dos recursos ou das possibilidades do aluno ou do apoio que este possa receber de uma instituição. Por outro lado, as NT podem contribuir para tornar um ambiente de aprendizagem mais confortável, estimulando os sentidos através de música ou imagens que ajudam a criar condições favoráveis.

d. *Relações psicológicas*: as relações psicológicas foram medidas pelo computador através da interação. É aqui que o TN actua na mediação cognitiva entre as estruturas mentais dos sujeitos participantes no projeto educativo. Para nós, este é o fator central da aprendizagem.

1.6.1 Os elementos conceptuais dos ambientes virtuais de aprendizagem são os seguintes

a. *Conceção pedagógica*. Refere-se à forma como o ato educativo é planeado. Expressa, de alguma forma, o conceito de aprendizagem e o ato educativo. A definição dos objectivos e a conceção das actividades, a planificação e a utilização de estratégias, as técnicas didácticas, a avaliação e o feedback são alguns dos seus elementos, em função do modelo pedagógico adotado.

b. *Conceção da interface.* Refere-se à expressão visual e formal do ambiente virtual. É o espaço virtual em que os participantes têm de se encontrar. As características visuais e de navegação podem ser decisivas para o bom funcionamento do modelo de ensino.

O conceito de aprender ou ensinar é importante para compreender o porquê das interfaces das plataformas, dos mediadores e das inúmeras características que as Tecnologias de Informação e Comunicação (TIC) vieram introduzir no mundo da educação, as quais foram enquadradas no já referido adjetivo de "virtual". Para o professor Lévy (1999), "o virtual é a deslocação do centro ontológico de um objeto considerado" (p. 10). Com esta definição Lévy interpreta o virtual como uma forma diferente de fazer as coisas, levando o conceito para a educação, quando as variáveis de tempo e espaço são integradas, não só os cenários estão a ser modificados, mas também as práticas e as relações, os materiais e até os conteúdos, não é só a sala de aula que perde a sua relevância, mas também se torna mais viva porque se torna mais dinâmica na rede e, estando na rede, a construção do conhecimento é permanente e associativa.

Assim, a sala de aula virtual e os cenários que dela derivam não são apenas a tradução de uma escola tradicional em que as tecnologias da informação fazem a mediação, mas também a deslocação ontológica de que fala Lévy (1999) deve ser pensada à luz das relações numa sociedade do "conhecimento".

Caro, Rivas, Velandia e Ángel (2006), definem um Ambiente Virtual de Aprendizagem como a representação académica que permite a criação de espaços flexíveis e interactivos para todos os intervenientes no processo educativo. É dócil, de acordo com as necessidades pessoais no que diz respeito ao tempo e ao espaço dentro de um contexto educativo Um Ambiente Virtual de Aprendizagem é considerado quando se cumprem algumas condições mínimas, que são Espaços de interação, considerados como aqueles onde se fomenta a comunicação direta entre pares e entre professores e alunos. Os espaços de interação têm características síncronas e assíncronas, a sua função é dimensionada pela capacidade de facilitar os processos de comunicação entre o aluno, o seu grupo e o seu professor ou tutor.

O design da comunicação é um fator importante para garantir a fluidez da comunicação e da interação entre os membros da comunidade virtual, mas também com as actividades sugeridas pelo modelo didático e com os materiais disponibilizados para a aprendizagem. Esta comunicação merece a criação de uma iconografia que facilite estas interacções, permitindo ao aluno, sobretudo ao aluno, bem como ao professor identificar espaços, actividades e mensagens de interesse, entre outras características da fluidez da comunicação no processo de aprendizagem. O design de comunicação responde às necessidades do modelo educativo e fornece as ferramentas para facilitar a autonomia do aluno.

O ambiente virtual caracteriza-se pela definição de um modelo didático, em que as actividades, os materiais e os métodos são apresentados de forma coerente com um modelo ou tendência pedagógica que pode explicar como se processa a aprendizagem nos alunos. Tobón (2007) parte das seguintes questões para definir o ambiente virtual: Quem é ensinado? Para que é ensinado? O que é ensinado? Como é ensinado? Com que é ensinado? Como é determinado o que foi aprendido?

Os ambientes virtuais de aprendizagem para a investigação, como o que foi realizado, tornam-se uma nova ferramenta para a transmissão de conhecimentos, melhorando o alcance pedagógico em termos de número de pessoas e minimizando o tempo de deslocação. Também deve ficar claro que, num mundo globalizado e modernizado, é necessário que a apropriação destes ambientes virtuais acompanhe os avanços tecnológicos.

1.7 Ambientes Virtuais de Aprendizagem (AVA) na Universidade de Santo Tomás - VUAD

O desenvolvimento incessante das novas tecnologias e a sua rápida introdução nos sistemas e meios de comunicação conduziram à criação de novos serviços que envolvem som, dados, texto, vídeo, serviços móveis, redes inteligentes, banda larga e sistemas de satélite, que estão quase imediatamente ligados a plataformas digitais dedicadas à aprendizagem eletrónica.

O acima exposto convida a assumir uma posição alternativa na nova dinâmica de aprendizagem e ensino com o apoio das TIC, onde estão disponíveis recursos online, acesso a bases de dados e comunicação síncrona e assíncrona com o tutor e colegas de turma. A Universidade de Santo Tomás não poderia estar distante desta incidência, a sua "Sala de Aula Virtual", que é suportada pela plataforma Moodle, considerada como um sistema de gestão de cursos online de distribuição livre, que suporta o trabalho que está a ser desenvolvido no ensino à distância em todos os graus da Faculdade de Educação.

No documento Manual de Boas Práticas para Salas de Aula Virtuais 2015, publicado no primeiro semestre de 2015, a estrutura e os componentes mínimos para o seu desenvolvimento são apoiados e contextualizados, entendendo-se assim que a utilização das TIC na educação aumenta as possibilidades de soluções em situações problemáticas de qualquer tipo.

Nesse sentido, o documento se baseia no conceito de promoção da educação integral previsto no PEI e descrito como:

> A educação integral é entendida como o desenvolvimento de todas as dimensões da vida pessoal, para que os alunos adquiram uma consciência superior que lhes permita compreender o seu próprio valor histórico, o seu próprio papel na vida, os seus próprios direitos e deveres, e os torne capazes de intervir e participar lúcida e responsavelmente na vida social, cultural, económica e política, contribuindo com a sua atitude criativa e a sua aptidão crítica e investigativa. (USTA, PEI, 2004, p. 63).

Ao mesmo tempo, essa postura educacional permite que o ambiente e seus conceitos sejam questionados, conduzindo o aluno e o professor por novos caminhos do conhecimento, estabelecendo conexões entre conhecimentos prévios, novos preceitos e visões alternativas apoiadas pelo uso das TIC. É aqui que a Sala de Aula Virtual se torna um potencializador de ideias, onde para além de conteúdos, actividades ou avaliações, dá lugar à geração de comunidades.

Do mesmo modo, importa referir que um dos fundamentos teóricos deste manual é o desenvolvimento de competências ou dimensões (Compreender, Agir, Fazer e Comunicar), entendidas como um saber-fazer em contexto e referidas pelo Modelo Educativo da USTA como "o reconhecimento de uma multicasualidade e interdependência de factores sociais, institucionais e cognitivos, em permanente tensão, e que requerem uma metodologia adequada de acordo com essas exigências" (p. 36), que permitem às pessoas resolver problemas nos seus ambientes em mudança e, sem serem exclusivamente de ordem pragmático-instrumental, dão resposta do sistema educativo às exigências da modernização e aos novos 36), que permitam às pessoas resolver problemas nos seus ambientes em mudança e, sem serem exclusivamente de ordem pragmático-instrumental, respondam, a partir do sistema educativo, às exigências da modernização e dos novos modelos de desenvolvimento, aperfeiçoando "capacidades críticas de discernimento humanístico" que transcendam os sistemas económicos, empresariais e de mercado e visem "a formação de um tipo de pessoa e de profissional requerido e de um modelo de sociedade procurado" (USTA,

Modelo Educativo, p. 54)

Ao entender estas dimensões como etapas para a aquisição e construção do conhecimento em contexto, é possível observar a contribuição e incidência que as TIC e especialmente as salas de aula virtuais têm nos processos de formação, o modelo de educação à distância apoiado por estas ferramentas, exige uma nova ordem concetual e talvez uma que permita responder às dinâmicas actuais em termos de paradigmas educativos apoiados pela tecnologia. A compreensão destes cenários educativos requer, como já foi referido, alguns elementos mínimos na sua construção, e é assim que a USTA o tem entendido.

Desta forma, foram considerados os seguintes elementos para a estruturação das salas de aula virtuais do VUAD:

- Estrutura da disciplina (visão geral, estrutura)
- Livro-guia
- Leituras complementares Atualidade e datas dos tutoriais Videoaulas
- Questões problematizadoras para cada unidade ou conhecimento da disciplina
- Ferramentas para o desenvolvimento da disciplina (simuladores, software, laboratórios virtuais, estudos de caso, entre outros).
- Actividades que visam a aprendizagem autónoma e colaborativa Regulamentos sobre a utilização das salas de aula
- Cronologia do desenvolvimento das actividades Guias de trabalho
- Sistema de avaliação (autoavaliação, co-avaliação, heteroavaliação, rubricas de avaliação).
- Comunicação com a comunidade.

É por isso que a VUAD constrói um ambiente digital de ensino e aprendizagem para apoiar o seu modelo de ensino a distância, considerado nesta investigação para a abordagem e dinamização dos conteúdos no grupo de controlo, que tem como área de formação "Filosofia dos Ambientes Virtuais de Aprendizagem". Com base no exposto, consideram-se os seguintes componentes:

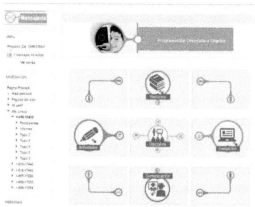

Figura 1: Componentes dos modelos de ensino à distância.
Fonte: elaboração própria.

A **Disciplina** é o eixo do espaço académico, onde professores e alunos encontrarão a questão problemática, o programa de estudos, o mapa de conteúdos, o guião, o cronograma, com os quais se espera que o aluno possa iniciar o seu processo de formação.
Figura 2: Disciplina.

Fonte: elaboração própria

Recursos, os conceitos que orientam o desenvolvimento do campo de formação compõem esta secção, o professor poderá colocar elementos como: leituras, vídeos, laboratórios, simulações, estudos de caso e acesso a bibliotecas e bases de dados.

Figura 3. recursos.

Fonte: elaboração própria.

As actividades, designadas neste ambiente virtual por estratégias de aprendizagem, orientam o ensino e a aprendizagem no domínio da formação através de guias didácticos, em que o professor partilha os produtos de formação a entregar no processo.

Figura 4: As actividades.

Fonte: elaboração própria.

A avaliação, considerada nesta secção a partir dos seguintes eixos, Co-avaliação, Heteroavaliação e Autoavaliação, que orientados sob rubricas permitem a cada aluno conhecer os critérios no seu processo de avaliação.

Figura 5: A avaliação.

Fonte: elaboração própria.

Comunicação, o espaço permite cenários de interação entre o professor tutor e os alunos, aqui pode encontrar ferramentas de sala de aula como o chat, o fórum, a videoconferência, com as quais pode trocar ideias e partilhar conceitos.

Gráfico 6: Comunicação.

Fonte: elaboração própria.

A estrutura da sala de aula virtual criada para apoiar a formação a distância na USTA-VUAD, recria de alguma forma os conceitos descritos no PEI e no Modelo Educativo, mas ao mesmo tempo contribui para o conceito com uma dinâmica apoiada na utilização das TIC, o que não é considerado pela investigação como um contributo para estes esforços de apoio e valorização destas dinâmicas de formação.

Pelo exposto, observa-se que a Universidade Santo Tomás na sua modalidade aberta e a distância, na qual se enquadra este projeto, tem vindo a transformar as suas posturas metodológicas face ao avanço das tecnologias de informação, e com ele a necessidade de aceder mais urgentemente ao conhecimento que é gerado em todas as áreas do saber, mais importante ainda, uma forma, como é o caso da universidade em questão, de obter um diploma de licenciatura ou pós-graduação.

Nesta perspetiva, a formação dos licenciados, novos professores, integra-se nesta dinâmica atual de aprendizagem e de ensino, em que os Ambientes Virtuais de Aprendizagem reforçaram o seu trabalho pedagógico e didático em todos os domínios de formação (humanística, investigação, específica) recriando, na sua aprendizagem, modelos de trabalho que mais tarde replicarão no seu papel de educadores.

É neste cenário que surgem propostas como o modelo ABPAVA, que procura responder às necessidades de formação e acompanhamento nos processos de construção do conhecimento, embora nas secções anteriores se observe o esforço da Universidade Santo Tomás na sua modalidade aberta e à distância para potenciar a sua dinâmica, ainda existem lacunas na proposta pedagógica e metodológica na conceção e construção dos seus cenários digitais. É importante esclarecer que atualmente o problema do ensino e, portanto, a questão problemática, orienta a conceção dos espaços digitais, mas a articulação com as actividades, os recursos, a avaliação e a relação com outros campos de formação, não está totalmente relacionada com um determinado limite, nem com modelos acabados.

Os conceitos acima buscam compreender posicionamentos pedagógicos que emergem das atividades de aprendizagem e ensino em espaços digitais, nesta pesquisa e especificamente na abordagem de modelos que adentram este caminho como o ABP-AVA. Gera espaços de reflexão sobre o uso de ambientes digitais onde também ocorrem aprendizagem, ensino e construções conceituais, mas que se afastam dos modelos tradicionais de formação ao recorrerem a outros campos e saberes para sua representação. Trata-se de reunir posições como o conectivismo e os seus postulados sobre a possibilidade de exploração concetual em rede.

1.8 Construção de conhecimentos

Atualmente, enfrentamos novos desafios que exigem uma revisão dos paradigmas de aprendizagem que neles têm prevalecido (Sánchez, 2009). É necessário abordar uma nova complexidade e tirar partido de novas formas de comunicação. A perspetiva da "construção do conhecimento" parece ser uma necessidade comum e uma abordagem adequada para enfrentar a complexidade atual.

Esta abordagem exige um novo paradigma de aprendizagem. Os paradigmas actuais não parecem estar orientados para este objetivo e podem tornar-se obsoletos (Sanchez, 2009).

Tendo em conta que toda a aprendizagem envolve uma construção que se realiza através de processos mentais, que se inicia nas etapas de aquisição de novos conhecimentos, pode entender-se que os conhecimentos prévios que o aluno possui serão fundamentais para a construção desses novos conhecimentos. Através deles e da orientação do seu professor tutor, serão abordadas fases que permitirão estabelecer conexões entre os conhecimentos prévios e os novos conhecimentos, a partir dos quais surgem novas compreensões e novos significados.

Sánchez (2009), aborda uma conceção de construção do conhecimento que foi tomada como referência para a avaliação e apreciação de cada uma das categorias determinadas para a pesquisa. O autor classifica a aprendizagem em três categorias: Aquisição, Participação e Criação/Construção do Conhecimento, em cada uma delas. Três noções epistemológicas, psicopedagógicas e sócio-cognitivas são relacionadas.

A primeira categoria "Aquisição" em relação à epistemologia baseia-se em teorias de estruturas mentais e esquemas de conhecimento. O conhecimento é visto como uma posse da mente individual; nas noções psico-educativas, a mente é concebida como um armazém e assume um construtivismo em que o processo de aprendizagem modifica as estruturas da mente. Aprende-se individualmente. Aprende-se e armazena-se; nos fundamentos sociocognitivos, a aprendizagem é um processo que enche o contentor e é concebida como uma questão de construção, aquisição e resulta no processo de transferência e aplicação de conhecimentos em novas situações. A colaboração é concebida como um facilitador da aprendizagem individual e as tecnologias como um artefacto estruturante, como uma ferramenta (Sanchez, 2009).

Deste ponto de vista, deve ter-se em conta que o processo de construção do conhecimento se inicia através da transmissão ou aquisição de conceitos abordados individualmente ou em grupo, através da interação social e cultural; a partir de diferentes campos como os ambientes virtuais de aprendizagem, as tecnologias de informação e comunicação e a didática da aprendizagem.

O segundo paradigma de "Participação" refere-se à noção epistemológica de cognição situada, que salienta que as actividades cognitivas estão sempre inseridas em contextos sociais e culturais e não podem ser compreendidas isoladamente. A partir da noção psico-cognitiva, em vez de se estudar o conteúdo das mentes individuais, a atenção centra-se nos processos de interação, discurso e participação que emergem entre e em torno dos membros de uma comunidade ou comunidades em contextos físicos e sociais específicos; os processos sóciocognitivos determinam diversas formas de participação, tais como sistemas de atividade préestabelecidos. A enculturação e a participação guiada são formas de aceder às melhores práticas culturais. As tecnologias são concebidas como uma prática social. A sua utilização implica não só funcionalidade, mas também intencionalidade e significado. Não está primariamente interessada na aprendizagem individual, mas no que emerge dos processos participativos (Sanchez, 2009).

A atividade mental (perceção, memória, pensamento, etc.) é considerada por Vygotsky (1979) como a caraterística fundamental que distingue o homem como ser humano. Esta atividade é o resultado de uma aprendizagem sociocultural que implica a interiorização de elementos culturais, entre os quais ocupam um lugar central os signos ou símbolos, como a linguagem, os símbolos matemáticos, os signos da escrita e, em geral, todo o tipo de signos que tenham algum significado socialmente definido (Briones, 2009).

Por isso, a participação no processo de construção do conhecimento é um processo fundamental que deve ser tido em conta na funcionalidade dos conceitos, onde o indivíduo não só vê a intencionalidade da prática, mas também o seu significado, conseguindo ligar os conhecimentos adquiridos nas diferentes áreas. Isto significa que não só o conhecimento é construído, como também as identidades são construídas e a aprendizagem é uma questão de transformação pessoal e social. O indivíduo não é um dado adquirido, mas emerge através de actividades colectivas.

No último paradigma apresentado por Sánchez (2009), "Criação/Construção de Conhecimento", na perspetiva das noções epistemológicas, a criação de conhecimento é um trabalho coletivo para o avanço e elaboração de artefactos conceptuais como teorias, ideias e modelos. Já a aprendizagem é orientada para mudanças nas estruturas mentais dos indivíduos, que, nesta perspetiva, é vista como um subproduto do processo de construção do conhecimento. A questão central é promover a "aprendizagem expansiva", cujo foco é a inovação: situações e sequências de acções em que os actores tentam ir além do dado, do existente, para alcançar algo que ainda não existe. A noção sociocognitiva tem por objetivo explicar o funcionamento das organizações que promovem o conhecimento e explicar como podem ir além das "práticas bem sucedidas" (Engestrom, 1987).

Ciclos de aprendizagem incrementais ou expansivos, a modificação dos sistemas de actividades de aprendizagem, estas sequências consistem em questionar as práticas existentes, analisar as práticas existentes, uma construção colaborativa de novos modelos, conceitos e artefactos para novas práticas, examinar e discutir os novos modelos, artefactos e conceitos (materiais e imateriais), implementar os modelos, conceitos e artefactos, refletir e avaliar o processo; consolidar as novas práticas; nas noções psicopedagógicas é realçada a importância das actividades individuais mas não como indivíduos separados, mas, como parte de um fluxo social de actividades. A co-evolução de indivíduos e colectivos supera a dicotomia entre as perspetivas de aquisição individual e o paradigma da participação que localiza a experiência e a competência nas práticas culturais.

É possível reconhecer, após a estimativa nas três categorias definidas por Sánchez (2009), que a atividade do aluno pode ser tipicamente orientada de diferentes formas. Em primeiro lugar, adquirindo conceitos através de papéis sociais e individuais por meio de interacções com o apoio de ferramentas tecnológicas onde são transferidos conceitos e concepções de situações reais, a fim de realizar um processo de aprendizagem mais construtivo. Em segundo lugar, uma vez realizada esta interação e tendo o aluno conhecimentos prévios, este participará mais coletivamente no seu papel, articulando ideias e conceitos não só da área específica mas de todos os campos do conhecimento; assim, o aluno começa a ter uma perspetiva mais ampla, fazendo com que a sua estrutura mental se modifique e gere conhecimento.

A razão desta natureza criativa do conhecimento é que, para conhecer, o sujeito não só percepciona e reage aos objectos, mas também age sobre eles e, portanto, transforma-os; é a ação onde a relação entre o objeto e o sujeito gera o conhecimento. É na ação que se produz a relação entre o objeto e o sujeito que gera o conhecimento. É na significação que se produz a combinação necessária das componentes subjectivas e objectivas que são a fonte do conhecimento. Piaget chega a dizer que "em toda a ação o sujeito e os objectos estão fundidos" (1983, p. 104), com o que pretende, em suma, sublinhar a ideia de que o conhecimento, na sua origem, não provém nem dos objectos nem dos sujeitos, mas das interacções entre o sujeito e os objectos (Gutiérrez, 2004).

A conceção da construção do conhecimento também foi moldada de forma influente a partir de uma nova perspetiva do construtivismo. Isso se deu nas teorias sobre o desenvolvimento, especialmente a partir da atribuição de um papel ativo ao sujeito. Entre estas teorias, é necessário destacar as de Piaget (1978) e Vygotsky (1979), o primeiro a partir de uma abordagem predominantemente individual, enquanto o segundo com uma perspetiva declaradamente social e contextual (Gutiérrez, 2004).

A teoria de Piaget (1978) é, sem dúvida, a teoria do desenvolvimento cognitivo mais elaborada, sistemática e complexa que foi proposta até à data. Por esta razão, é certamente também a que exerceu a maior influência em todos os níveis da psicologia do desenvolvimento.

Piaget parte de uma crítica às perspetivas inatista e empirista sobre a origem do conhecimento, que considera tendenciosas e erradas porque assumem uma visão passiva do fenómeno. Mais especificamente, a sua queixa reside no facto de ambas as abordagens conceberem o conhecimento como se este estivesse predeterminado, quer nas estruturas internas do sujeito, quer nas características pré-existentes do objeto.

Durante as diferentes fases de desenvolvimento, a criança efectua operações de acordo com estes esquemas ou conhecimentos. Os mapas complexos derivam dos mapas sensório-motores por um processo de internalização, ou seja, pela capacidade da criança de realizar mentalmente o que costumava fazer com o seu corpo. Estas operações referem-se à capacidade de estabelecer relações entre objectos, acontecimentos e ideias (Briones, 2002).

Outra caraterística da inteligência é a adaptação, que consiste em dois processos que ocorrem simultaneamente: a assimilação e a acomodação. O primeiro consiste na assimilação de novos acontecimentos ou de novas informações nos esquemas existentes. A acomodação é o processo de mudança que esses esquemas sofrem através do processo de assimilação (Briones, 2002).

Mas se apenas houvesse assimilação, não haveria oportunidade de mudança, as estruturas permaneceriam inalteradas, sem adquirirem novos elementos e formas de organização, pelo que não se poderia falar de evolução ou desenvolvimento (Briones, 2002).

Gutiérrez (2004) conclui que o processo de adaptação, tanto a nível biológico como cognitivo, implica uma interação ou transação entre as componentes de assimilação e acomodação, entre as quais deve existir um equilíbrio mais ou menos estável. Ou seja, quanto maior for esse equilíbrio, menor será o número de erros na interpretação dos casos apresentados à experiência do indivíduo. Mas, por outro lado, a aprendizagem ou a mudança cognitiva surgem de situações de desequilíbrio entre a assimilação e a acomodação.

Para Vygotsky (1979) as capacidades psicológicas desenvolvem-se através das funções mentais, onde fala de uma função mental inferior e de uma função mental superior; as funções mentais inferiores são aquelas com que nascemos, são as funções naturais e são geneticamente determinadas. O comportamento derivado das funções mentais inferiores é limitado. É condicionado pelo que podemos fazer. Estas funções limitam-nos no nosso comportamento a uma reação ou resposta ao ambiente (Gutiérrez, 2004).

As capacidades mentais superiores são adquiridas e desenvolvidas através da interação social. Uma vez que o indivíduo se encontra numa sociedade específica com uma cultura específica, as funções mentais superiores são determinadas pela forma de ser dessa sociedade: as funções mentais superiores são mediadas culturalmente. O comportamento derivado das funções mentais superiores está aberto a outras possibilidades. O conhecimento é o resultado da interação social; na interação com os outros, adquirimos consciência de nós próprios, aprendemos a utilizar símbolos que, por sua vez, nos permitem pensar de formas cada vez mais complexas, quanto mais interação social, mais conhecimento, mais possibilidades de agir, mais funções mentais robustas (Gutiérrez, 2004).

Paradigmas como os estabelecidos por Sánchez (2009), Aquisição, Participação e Criação/Construção, dos quais esta pesquisa recorre para orientar a construção do conhecimento com o modelo ABP-AVA, situa a discussão frente ao desenho de cenários digitais de aprendizagem. Para além dos paradigmas da aquisição, que acaba por ser um primeiro momento na

processos de aprendizagem, mas que devem transcender e gerar processos que orientem a ligação e a construção de novos processos.

Para este trabalho de investigação, a construção do conhecimento através da implementação do modelo ABP-AVA no domínio formativo da Filosofia dos Ambientes Virtuais de Aprendizagem é um processo que orienta o aluno através da descoberta da sua aprendizagem, embora o modelo apresente múltiplos percursos para que tal ocorra, o aluno é o responsável pela gestão e criação do caminho para encontrar soluções para os seus problemas de conhecimento, que são colocados através de um problema, mas que enquadram um conjunto de conhecimentos para a sua resposta, com múltiplas interpretações e um número infinito de resultados.

Este avanço, no sentido da criação/construção de conhecimento em ambientes digitais de aprendizagem, permite que a presente investigação apresente pistas para a conceção de artefactos conceptuais, teorias, ideias-modelo, que são geradas a partir da comunicação e interação dos participantes no cenário. Estas abordagens atingem o seu ponto mais alto quando estudantes, especialistas e professores tutores convergem, criando uma comunidade de aprendizagem que recorre a especialidades e formas de interpretar uma situação problemática, em busca da melhor solução, que para cada estudante será particular e tentará satisfazer as necessidades de conhecimento em que está imerso.

O enquadramento teórico acima referido permite algumas abordagens em áreas como a pedagogia, o construtivismo, o conectivismo, a aprendizagem baseada em problemas, os ambientes virtuais de aprendizagem e a construção do conhecimento, amplos campos de investigação que, ao serem abordados em diferentes áreas do conhecimento e a partir de diferentes perspectivas pedagógicas, didácticas e metodológicas, enriquecem cada vez mais o discurso neste tipo de cenários, que recorrem à utilização das TIC como dispositivos de dinamização e reforço das comunidades de ensino e de prática.

O modelo ABP-AVA, a partir do qual se abordam os campos supracitados, encontra seu fundamento na pedagogia, cenário do qual se nutre para compreender as novas formas de aprender e ensinar, referindo-se a um conhecimento teórico que deve ser exposto em cenários práticos para sua reconstrução. Desta forma, o modelo inclui o exercício pedagógico, que é o foco de sua atenção. Neste trabalho de investigação na formação de licenciados, recria-se um espaço digital de aprendizagem, baseado no fazer, no construir, mas que é potenciado com dinâmicas pedagógicas e didácticas para que tal aconteça.

A partir destas posições pedagógicas, surgem postulados construtivistas que permitem fortalecer os processos de aprendizagem a distância, integrando nos Ambientes Virtuais de Aprendizagem teorias que defendem a possibilidade de aceder ao conhecimento de forma precisa e imediata. É importante para este trabalho de investigação recorrer ao construtivismo enquanto teoria de aprendizagem que reflecte sobre a construção do conhecimento no indivíduo, mas mais importante ainda, compreender as novas dinâmicas para que tal aconteça. A proposta enquadrada neste projeto, a partir da qual se formula o modelo ABP-AVA como referido anteriormente, encontra o seu fundamento na pedagogia, mas é transformada com os contributos das teorias construtivistas como o conectivismo, que gera reflexões importantes sobre os conceitos e os seus significados em relação ao contexto e à relação com os outros, compreendendo que, tal como o mundo, o conhecimento é dinâmico, transforma-se e necessita de outros tipos de interpretações e conexões para ser compreendido e posto em prática. Paradigmas como o conectivismo surgem como resposta às novas formas de acesso e construção do conhecimento com o apoio das TIC. Para esta pesquisa, a interpretação das novas formas de conhecer e aprofundar em algum tipo de conhecimento, possibilitam a conexão entre Aprendizagem Baseada em Problemas e Ambientes Virtuais de Aprendizagem (ABP-AVA), enquadra suas ações através do conhecimento pedagógico, dinamizado pelo construtivismo e transformado com contribuições conectivistas. Orienta futuros trabalhos de investigação que pretendam aprofundar a construção do conhecimento com base no saber coletivo.

CAPÍTULO I

1. Metodologia

1.1. Conceção da investigação quantitativa

Relativamente ao método quantitativo, Marín (2012) refere que, "A investigação quantitativa é geralmente dedicada à recolha, tratamento e análise de dados mensuráveis ou numéricos sobre variáveis previamente determinadas do mundo físico ou social e humano" (p. 107). O exposto permite-nos distinguir, neste paradigma, um conjunto de processos de recolha e análise de dados, onde é possível obter uma visão abrangente do objeto de estudo, conduzindo a uma maior ilustração dos resultados.

Numa outra perspetiva, Hernández e Mendoza (2012) referem que: "A abordagem quantitativa é sequencial e probatória, cada etapa precede a seguinte e não podemos "saltar" ou evitar passos. A ordem é rigorosa, embora possamos, naturalmente, definir algumas fases" (p.4). Esta abordagem permite estabelecer, no desenvolvimento do processo de investigação, um conjunto de acções que orientam a delimitação do problema e dos seus objectivos, onde é possível a construção de um quadro ou perspetiva teórica.

Esta pesquisa considera a metodologia quantitativa como a mais relevante no processo de análise dos resultados. O objetivo proposto procura estabelecer o alcance na construção do conhecimento do Modelo ABP-AVA na educação a distância, tomando como referência o campo de formação: Filosofia dos Ambientes Virtuais de Aprendizagem. Para tanto, são necessárias metodologias que orientem a observação e a análise a partir de diferentes fontes de dados.

Nesse sentido, o paradigma sobre a pesquisa quantitativa, traz para o estudo uma observação e mensuração, diante dos escopos pedagógicos, cognitivos e práticos no modelo ABP-AVA. Esses resultados são potencializados pela aplicação da técnica de coleta de dados denominada Grupo Focal, que explica os acontecimentos neste estudo, devido à abordagem de novas propostas metodológicas, que rompem com a dinâmica convencional do ensino a distância na Universidade de Santo Tomás em sua modalidade aberta e a distância.

Com base no exposto, esperam-se resultados mais ricos e variados através da multiplicidade de observações, considerando diversas fontes de dados, contextos e ambientes de análise. Com base nesses elementos, a construção do conhecimento do modelo ABP-AVA é avaliada e comparada com o VUAD tradicional, o que não apenas orientará o discurso a respeito dos modelos emergentes de ensino a distância, mas espera-se que abra espaços para o debate sobre os conceitos que ainda precisam ser fortalecidos na aprendizagem mediada pelas TIC nesta e talvez em outras instituições de ensino superior.

O estudo remete para a metodologia quantitativa como a mais adequada para a análise dos resultados, seleccionando deste paradigma o Design Quasi-experimental, que difere do Experimental na medida em que os sujeitos não são distribuídos aleatoriamente por grupos, nem são emparelhados, mas sim estes grupos já estão formados antes da experiência.

Marín (2012), relativamente aos desenhos quase-experimentais, refere que "estes desenhos oferecem um grau de validade suficiente, o que torna a sua utilização no campo da educação e da pedagogia muito viável" (p. 107). Sugere a utilização deste desenho quando o investigador não pode controlar todas as variáveis importantes, referindo-se à composição dos grupos, que, no caso deste estudo, são cursos já estabelecidos pela universidade e onde o investigador não tem qualquer influência.

É por isso que o desenho quase-experimental permitirá a utilização e a aplicação dos resultados da interpretação e da explicação das descobertas ou dos resultados em termos do âmbito da construção do conhecimento do modelo ABP-AVA, que será reforçado através da aplicação da técnica de recolha de dados denominada focus group.

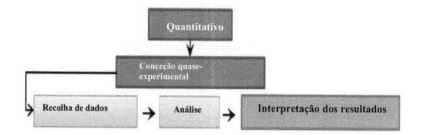

Figura 1. Fases do projeto quase-experimental Fonte: Elaboração própria.

Com base no esquema anterior, propõem-se as seguintes etapas para o desenvolvimento metodológico quantitativo a partir da conceção quase-experimental.

1.1.1. *Conceção de investigação quase-experimental.*

A conceção quase-experimental deriva dos estudos experimentais, em que a atribuição dos sujeitos não é aleatória, embora o fator de exposição seja manipulado pelo investigador. O quase-experimento é utilizado quando não é possível selecionar aleatoriamente os sujeitos que participam nesses estudos. Por isso, uma caraterística dos quase-experimentos é a inclusão de "grupos intactos", ou seja, grupos previamente constituídos.

Para esta investigação, tomámos um grupo de estudantes que se inscreveram previamente no espaço académico Filosofia dos Ambientes Virtuais de Aprendizagem. Este campo de formação, que pertence à Faculdade de Educação na sua modalidade Aberta e a Distância, é transversal em todos os programas desta Faculdade (Licenciaturas em: Biologia com ênfase em Educação Ambiental, Educação Básica com ênfase em Humanidades e Língua Espanhola, Licenciatura em Educação Básica com ênfase em Matemática, Educação Pré-Escolar, Filosofia e Ensino Religioso, Filosofia, Pensamento Político e Económico, Licenciatura em Língua e Literatura Espanhola, Língua Estrangeira Inglesa, Licenciatura em Informática Educativa e Teologia).

Para a realização do exercício de investigação, foram criadas duas salas de aula virtuais, uma para o grupo de controlo e outra para o grupo experimental, utilizando o Sistema Académico SAC disponibilizado pela Universidade de Santo Tomás. Para a realização da

O aluno desta área de estudo foi inscrito num dos dois grupos. Seguindo a metodologia proposta por Campbell e Stanley (1995) quanto à formação dos grupos, esta foi feita de forma espontânea.

O tipo de conceção quase-experimental, de acordo com a publicação de Campbell e Stanley (1995) Experimental and Quasi-experimental Designs in Social Research, que se enquadra no presente estudo, é denominado: conceção de grupo de controlo não equivalente.

O desenho apresentado na figura 2 é definido como um dos mais difundidos na investigação educacional, compreendendo um grupo experimental e um grupo de controlo, ambos tendo recebido um pré-teste e um pós-teste, estes grupos são formados de forma natural mas não aleatória, o tratamento é aplicado ao grupo experimental e não ao outro, de forma a observar os resultados, que no caso deste estudo será o modelo ABP - AVA.

$$\frac{O \quad X \quad O}{O \qquad\quad O}$$

Figura 2. Conceção de grupos de controlo não equivalentes

Fonte: Stanley & Campbell (1995)

A figura 2 representa os grupos experimental (em cima 0) e de controlo (em baixo 0). No caso da presente investigação, foi aplicado um pré-teste a ambos os grupos e, em seguida, foi aplicado um tratamento (representado pelo X) ao grupo experimental. Finalmente, foi aplicado um pós-teste a ambos os grupos.

Para determinar o grau de construção do conhecimento, aplica-se um pré-teste a cada grupo, as condições iniciais são as mesmas, o grupo experimental recebe o tratamento, que neste caso será o modelo ABP-AVA, e no final, ambos recebem o pós-teste para observar o seu efeito.

Tabela 1. Modelo experimental de base.

Grupos	Pré-teste	Tratamento	Pós-teste
Experimental	**Sim**	**Sim**	**Sim**
Controlo	**Sim**	**Não**	**Sim**

Fonte: elaboração própria.

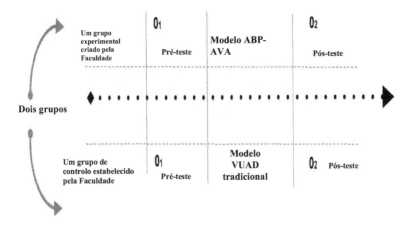

Figura 7: Modelo experimental aplicado.

Fonte: elaboração própria.

1.2. *Descrição da exposição*

As condições iniciais dos dois grupos (experimental e de controlo) são as mesmas, como mostra a constituição de dois grupos estabelecidos pela Faculdade de Educação, inscritos no espaço académico Filosofia dos Ambientes Virtuais de Aprendizagem na modalidade a distância, localizados nos 13 Centros de Atenção Universitária (CAU), distribuídos pelos diferentes departamentos da Colômbia.

De acordo com a caraterização dos estudantes de 2015 (Bienestar Universitario, 2015), efectuada na instituição, estes estudantes provêm dos estratos 2 e 3, principalmente de várias das CAU em que a instituição está presente, sobretudo em Bogotá, Chiquinquirá, Manizales e Medellín, a sua idade oscila entre os 17 e os 22 anos, e 80% são do sexo feminino.

As listas de grupos têm a seguinte distribuição:

Tabela 2: Grupos de estudo

Grupo	Número de estudantes
Filosofia dos ambientes virtuais de aprendizagem (grupo experimental)	23
Filosofia dos ambientes virtuais de aprendizagem (grupo de controlo)	23
Fonte: Elaboração própria.	

1.2.1. Distribuição da amostra de acordo com o grupo selecionado pelo corpo docente.

Os grupos estabelecidos pela Faculdade de Educação são aqueles que, no âmbito do currículo, podem assumir o campo de formação; Filosofia dos Ambientes Virtuais de Aprendizagem, que é gerido pelo programa de Licenciatura em Informática Educativa da VUAD e, por conseguinte, o programa de estudos é semelhante em todos os programas.[7]

1.2.2. Descrição do processo de investigação.

Para a realização do processo de investigação (quasi-experimental), foram inicialmente construídos os instrumentos denominados pré-teste e pós-teste, a serem aplicados aos grupos de controlo e experimental, concebidos tendo como referência o quadro teórico que aborda a Pedagogia, o Construtivismo, o Conectivismo, a Aprendizagem Baseada em Problemas, os Ambientes Virtuais de Aprendizagem e a Construção do Conhecimento.

Para validação, é aplicado um teste piloto (secção "Validação do instrumento" p. 118) que é explicado nos alunos, da Faculdade de Educação constituída pela Universidade, através do software *Statistical Package for the Social Sciences* (SPSS), licenciado em nome da Universidade Santo Tomás. Foi estabelecida através de uma análise de fiabilidade com a escala de *Mann-Whirne* e as questões finais, o que possibilita a aplicação do pré-teste e pós-teste.

Posteriormente, foram projectados dois cenários virtuais, com metodologias diferentes. O primeiro cenário virtual foi concebido com a metodologia de Aprendizagem Baseada em Problemas em Ambiente Virtual de Aprendizagem, onde foi aplicado o modelo ABP-AVA. O segundo cenário virtual foi concebido com a metodologia tradicional do VUAD. A diferença mais significativa entre estes dois ambientes reside na forma de aproximação do aluno aos conteúdos propostos no domínio da formação e na relevância destes conteúdos em termos do domínio de formação em que são desenvolvidos. No primeiro cenário, o modelo ABP-AVA estabelece um problema que exige a integração dos campos pedagógico, humanístico, investigativo e específico para sua solução. No segundo cenário com a metodologia tradicional VUAD, a construção da sala de aula e seus conteúdos respondem especificamente para atingir os objetivos de aprendizagem propostos neste espaço, nesta perspetiva, as abordagens em

---

[7] A orientação de cada espaço académico na Universidade Santo Tomás na sua modalidade aberta e a distância é feita através do Syllabus. Este permite a apresentação dos aspectos básicos para a abordagem de cada momento, o aluno poderá encontrar: a justificação, os objectivos, os conteúdos e a metodologia, elementos que se consideram relevantes para iniciar o espaço académico.

termos de integração de outros campos não são evidentes de forma transversal. O efeito na construção do conhecimento foi estabelecido através de testes efectuados no início do processo, denominados pré-teste, e outros no final, denominados pós-teste. No final, foi efectuada uma comparação entre os dois testes aplicados a ambos os grupos para observar o seu efeito. Para a abordagem e trabalho no espaço académico, Filosofia dos ambientes virtuais de aprendizagem.

Com base no exposto, foram determinadas cinco fases para a implementação da abordagem quase experimental, descritas na Figura 3:

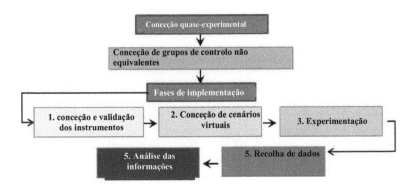

Figura 3. Fases de implementação da abordagem quase-experimental Fonte: elaboração própria.

1.3. Fase 1- Conceção e validação dos instrumentos

1.3.1. Conceção do instrumento

O referencial teórico abordado neste estudo (Pedagogia, Construtivismo, Conectivismo, Aprendizagem Baseada em Problemas, Ambientes Virtuais de Aprendizagem e Construção do Conhecimento), leva-nos à análise e construção de três categorias: Aquisição, Participação e Criação/Construção do Conhecimento em Ambientes Virtuais de Aprendizagem; Aquisição, Participação e Criação/Construção do Conhecimento em Aprendizagem Baseada em Problemas; e Aquisição, Participação e Criação/Construção do Conhecimento em ferramentas digitais. Estas categorias são significativas para estabelecer o alcance da construção do conhecimento no grupo ABP-AVA (Experimental) em comparação com outro de controlo (AVA sem ABP), inscrito no domínio da formação e da Filosofia dos Ambientes Virtuais de Aprendizagem. A partir dessas categorias e dos conceitos abordados por Sánchez (2009), que aponta as categorias de aquisição, participação e criação/construção, como elementos para que ocorra a construção do conhecimento, são concebidas as seguintes categorias de análise, descritas a seguir.

Para a elaboração das questões constantes das directrizes, teve-se em conta Beck et al. (2004) ao indicar que as questões dos grupos de discussão devem ser abertas e de fácil compreensão para os participantes, para além de serem concretas e estimulantes; as questões seguiram os parâmetros de acordo com Boucher (2003); a) utilizaram-se questões abertas que permitiram aos participantes responder extensivamente a cada questão; b) evitaram-se questões fechadas; c) o "porquê" foi raramente utilizado; d) privilegiou-se a formulação de questões gerais para questões mais específicas.

1.2.3. Questões categorias de análise:

As perguntas foram elaboradas para cada uma das categorias abrangidas pela investigação, para serem aplicadas em três grupos, cada um dos quais é enumerado a seguir:

- Aquisição, participação e criação/construção de conhecimentos em ambientes virtuais de aprendizagem.

Subcategoria: Aquisições

Aquisição de conhecimentos, participação e criação/construção de conhecimentos a partir de ambientes virtuais de aprendizagem

Para essa categoria, uma série de questões foi elaborada para mostrar o estado inicial de conhecimento do aluno sobre APV. As experiências abordadas em outros campos de formação são investigadas através das dinâmicas que ocorrem dentro da disciplina, para abordar, desenvolver e aprimorar cada um dos tópicos que são vistos lá, a experiência vivida no espaço Filosofia dos Ambientes Virtuais de Aprendizagem, para estabelecer o fator de aquisição durante as 16 semanas do curso, em seguida, os níveis de participação em cada uma das atividades propostas (Videoconferências, Fóruns, diários, wikis, Chat). E, em seguida, a construção do conhecimento alcançado a partir da socialização e dos debates no seio do grupo.

Aquisições

Pergunta 1: A utilização de plataformas virtuais de aprendizagem permite-lhe aprofundar outras matérias do seu curso?

Esta pergunta permite mostrar o grau de aquisição dos Ambientes Virtuais de Aprendizagem em relação a outros domínios de formação que o aluno realiza com o apoio da utilização da plataforma.

Questão 3 Pode afirmar-se que a utilização adequada dos recursos da plataforma, como o acesso a outros sítios Web, vídeos, mapas conceptuais, facilita a aprendizagem de algumas das disciplinas do seu curso?

O objetivo desta pergunta é inquirir sobre o grau de aquisição dos diferentes recursos oferecidos pela plataforma e a sua relevância para a sua carreira.

Participação

Pergunta 5: As diferentes tarefas apresentadas na sala de aula virtual VUAD convidam-no repetidamente a visitar os sítios propostos e a participar nas actividades?

O objetivo desta pergunta é observar a participação do grupo de estudo nas actividades e recursos oferecidos pela plataforma e o seu interesse pelos diferentes elementos que aí se encontram.

Questão 2: A plataforma Moodle (sobre a qual está desenvolvida a sala de aula virtual VUAD) permite-lhe interagir diretamente com os outros participantes?

O objetivo desta pergunta é observar o grau de participação dos membros de cada um dos cursos da plataforma.

Questão 7: A partilha de conceitos com os pares é facilitada pela utilização das actividades próprias da plataforma, como a agenda, os fóruns, o chat e *as wikis*?

O objetivo desta pergunta é observar o grau de participação nos diferentes espaços oferecidos pela plataforma para o desenvolvimento de actividades. *Criação/construção*

Questão 4: A dinâmica de um fórum na sala de aula virtual contribui para o esclarecimento de dúvidas, permitindo uma compreensão mais profunda de um determinado tema?

O objetivo desta pergunta é observar o grau de criação/construção num fórum virtual de sala de aula, questionando o grau de profundidade que surge nas discussões.

Pergunta 6: A utilização das actividades próprias da plataforma, tais como diários, fóruns, chat, wiki, ajudou-o a partilhar os seus conceitos com os seus pares?

O objetivo desta pergunta é observar o grau de criação/construção alcançado nas actividades da plataforma e a forma como estas lhe permitiram partilhar e discutir com os seus pares.

Aquisição, participação e criação/construção de conhecimentos na Aprendizagem Baseada em Problemas.

Nesta categoria, foram elaboradas uma série de questões com o objetivo de mostrar o estado inicial de conhecimento do aluno sobre PBL. A experiência adquirida noutros espaços de formação, o tratamento dado ao PBL, especificamente o conceito e as dinâmicas que ocorrem para o desenvolvimento dos diferentes conteúdos, a experiência vivida no campo de formação Filosofia dos Ambientes Virtuais de Aprendizagem, a fim de estabelecer o fator de aquisição durante as 16 semanas do curso. Seguidamente, os níveis de participação em cada uma das actividades propostas (videoconferências, fóruns, diários, wikis, chat), dinamizadas por esta estratégia pedagógica, e depois a construção do conhecimento conseguido a partir da resolução de problemas que envolviam o seu papel de professor, tomando conceitos de outras áreas de formação na tentativa de chegar à solução mais adequada.

Aquisições

Questão 11. A estratégia pedagógica da Aprendizagem Baseada em Problemas contribui para o aprofundamento dos conceitos alcançados na sua área disciplinar?

O objetivo desta pergunta é observar o grau de aquisição da estratégia pedagógica PBL e a sua relevância para a sua profissão.

Questão 10: O sucesso da resolução do problema é colocado pela participação de especialistas como um recurso da estratégia pedagógica PBL?

O objetivo desta pergunta é observar o grau de aquisição do trabalho com especialistas por parte dos alunos quando trabalham com a metodologia PBL.

Participação

Questão 12. A PBL, como estratégia para o desenvolvimento de uma disciplina, aumenta o seu interesse em relação a outras metodologias, permitindo que o grupo de alunos enfrente situações da sua vida enquanto profissionais?

Esta pergunta questiona o grupo de alunos sobre a sua participação nesta metodologia e a sua relevância para a resolução de situações no seu papel de profissionais.

Questão 13. Um dos recursos utilizados pela estratégia pedagógica PBL é a participação de especialistas, isso contribui para o sucesso na solução do problema colocado?

Esta pergunta refere-se à participação do grupo de estudo no trabalho com os especialistas presentes no curso virtual e à sua importância para a resolução do problema colocado.

Criação/construção

Questão 8: A Aprendizagem Baseada em Problemas é uma estratégia pedagógica que permite ao aluno pôr em prática os conceitos adquiridos na resolução de uma situação-problema relacionada com a sua profissão?

O objetivo desta questão é observar o grau de criação/construção na Aprendizagem Baseada em Problemas, permitindo observar se os conceitos abordados para resolver uma situação problemática são postos em prática na sua profissão.

Questão 9: Relativamente à expressão "A ABP na área da pedagogia representa um avanço na investigação do conhecimento aprendido e reforça o conhecimento que tem sido relegado para a prática", concorda?

O objetivo desta questão é observar o grau de Criação/Construção no papel da

Aprendizagem Baseada em Problemas na prática dos conceitos abordados numa carreira na área da saúde.

Pergunta 14: Os conceitos abordados no domínio de formação Filosofia dos Ambientes Virtuais de Aprendizagem respondem às necessidades do seu domínio de trabalho?

O objetivo desta questão é observar o grau de Criação/Construção dos conceitos abordados na disciplina de Filosofia em Ambientes Virtuais de Aprendizagem quando mediados pela estratégia PBL.

Questão 15. As necessidades da sua área de trabalho são satisfeitas pelos conceitos abordados na área de formação, Filosofia dos Ambientes Virtuais de Aprendizagem.

O objetivo desta questão é observar o grau de criação/construção dos conceitos abordados na disciplina Filosofia dos Ambientes Virtuais de Aprendizagem aplicados no domínio da formação.

Aquisição, participação e criação/construção de conhecimentos em ferramentas digitais.

Nesta categoria, uma série de perguntas foi concebida para mostrar o estado inicial de conhecimento do aluno sobre as ferramentas informáticas (Internet, ferramentas Web 2.0, ferramentas digitais para a representação do conhecimento, ferramentas digitais para o trabalho colaborativo). Inicialmente, as perguntas têm a preocupação de inquirir através da experiência sobre a gestão e a aplicação destas ferramentas na sua profissão, perguntando sobre a experiência vivida no campo de formação Filosofia dos Ambientes Virtuais de Aprendizagem, para estabelecer o fator de aquisição durante as 16 semanas do curso, depois os níveis de participação em cada uma das actividades propostas para a aprendizagem destas ferramentas e, finalmente, a construção do conhecimento alcançado com a utilização e aplicação das mesmas, na solução do problema colocado.

Esta categoria torna-se ainda mais evidente na apresentação feita pelo aluno aos especialistas, na qual se apropria dos conceitos abordados neste domínio de formação, para responder às exigências relativas à utilização e aplicação das ferramentas informáticas necessárias para construir e apoiar a resolução do problema colocado no espaço académico.

Aquisição de ferramentas digitais

Pergunta 18: Uma das formas inovadoras de aprender é através da Internet, uma vez que esta fornece meios para apoiar o trabalho colaborativo?

O objetivo desta pergunta é observar o grau de aquisição das ferramentas fornecidas pela Internet, em termos de gestão de espaços de colaboração.

Pergunta 20: Os blogues permitem dar a conhecer o ponto de vista do utilizador sobre um tema através da Web?

O objetivo desta pergunta é observar o grau de aquisição do design de blogues e a sua relevância para a sua formação.

Questão 28: As ferramentas digitais como suporte na construção de Ambientes Virtuais ajudam a tornar a mensagem que se pretende dar a conhecer mais atractiva para o espetador, através de animações, sons, hiperligações, entre outros?

O objetivo desta pergunta é observar o grau de aquisição de ferramentas digitais e o seu papel na apresentação de ideias perante os pares, o tutor e os especialistas.

Pergunta 29: As ferramentas da Web 2.0 permitem-lhe organizar de forma simples e rápida as ideias e os conceitos que pretende dar a conhecer na sua área de formação, permitindo aos que interagem compreender o objetivo do cenário?

O objetivo desta pergunta é observar o grau de aquisição das ferramentas da Web 2.0 e o papel que desempenham na organização e interpretação da informação.

Participação

Questão 17: A participação dos especialistas na sala de aula virtual convida à reflexão sobre o caso apresentado no início do curso e a possíveis discussões com os colegas?

O objetivo desta pergunta é observar o grau de participação nos possíveis espaços de procura de ajuda especializada para discutir e depois partilhar com o grupo de estudo.

Pergunta 19: Na sala de aula virtual, os espaços de comunicação como fóruns, diários, wikis, chat, utilizados por si e pelos seus colegas, são visitados de forma permanente porque aí encontra espaços de reflexão e de aprendizagem constante?

O objetivo desta pergunta é observar o grau de participação nas actividades da plataforma e a utilização feita pelo grupo de estudo em termos de reflexão e aprendizagem.

Pergunta 21: Encontra elementos no curso em sala de aula virtual que o convidam a aprofundar os conceitos e a aprender novos?

O objetivo desta pergunta é observar o grau de participação no curso concebido na plataforma e as suas visitas repetidas às diferentes actividades aí apresentadas.

Pergunta 25: Vê a sala de aula virtual como um meio onde pode comunicar as suas expectativas e sugestões relativamente aos conceitos alcançados até ao momento?

O objetivo desta pergunta é observar o grau de participação na sala de aula virtual, especificamente nos espaços comunicativos que esta oferece.

Criação/construção

Questão 16: A Internet fornece meios para apoiar o trabalho em colaboração, favorecendo formas inovadoras de aprendizagem?

O objetivo desta questão é observar o grau de criação/construção de ferramentas digitais relevantes para o trabalho colaborativo e como estas são centrais no processo de ensino-aprendizagem.

Pergunta 22: A Internet, enquanto meio de comunicação e de aprendizagem, representa uma ferramenta fundamental para a realização dos seus objectivos académicos e profissionais?

O objetivo desta pergunta é observar o grau de criação/construção da Internet como um meio fundamental para os processos académicos e de trabalho.

Questão 23: A sala de aula virtual apresenta conceitos do seu nível académico e isso torna-a relevante para o desenvolvimento dos seus conhecimentos até agora alcançados na sua carreira?

O objetivo desta pergunta é observar o grau de criação/construção das ferramentas informáticas presentes na sala de aula virtual, questionando a sua relevância na sua carreira.

Questão 24: As actividades e os recursos presentes na sala de aula virtual convidam-no repetidamente a visitar os sítios propostos e a desenvolver as diferentes tarefas aí apresentadas?

O objetivo desta questão é observar o grau de criação/construção dos recursos apresentados na sala de aula para apoiar o processo de ensino/aprendizagem.

Questão 26: As páginas Web, os vídeos, os mapas conceptuais, enquanto recursos da sala de aula virtual, facilitam a aprendizagem de determinadas matérias relacionadas com o seu curso?

O objetivo desta pergunta é observar o grau de criação/construção que as ferramentas informáticas apresentam na forma de aprender de uma forma mais simples conceitos específicos da sua carreira.

Pergunta 27: Os mapas conceptuais ajudam-no a aprender melhor os conceitos e a organizá-los corretamente para construir as suas próprias estruturas cognitivas?

O objetivo desta pergunta é observar o grau de criação/construção de mapas conceptuais e a forma como contribuem para criar novas estruturas de pensamento.

Pergunta 30: As ferramentas da Web 2.0 permitem-lhe integrar os conhecimentos que está a adquirir noutras disciplinas para melhorar o seu desempenho pessoal e profissional?

O objetivo desta questão é observar o grau de Criação/Construção na utilização das ferramentas da web 2.0 através da integração com outros conceitos em que é possível melhorar o desempenho pessoal e profissional.

1.3.3 Escala de Likert

Seguindo Sanchez (2009), a escala considerada adequada para medir estes factores (as categorias de Aquisição, Participação e Criação/Construção) é a escala de Likert, por ser uma escala psicométrica que permite medir capacidades mentais e níveis de conhecimento.

Cada uma destas questões foi formulada utilizando a escala de Likert, tendo em conta o facto de ser muito simples e fácil de interpretar. Foram utilizados cinco itens, variando entre: concordo totalmente, com uma pontuação de 1 ponto, e discordo totalmente, com uma pontuação de 5. A escala de Likert construída no presente estudo foi:

Quadro 3. Escala de Likert

Escala de Likert		
Artigo		Qualificação
TA	Concordo plenamente	5
PA	Parcialmente de acordo	
NA-ND	Não concordo nem discordo	
PS	Discordo parcialmente	
TD	Discordo totalmente	1

Fonte: elaboração própria.

1.4. Medidas de tendência central e medidas de dispersão utilizadas no estudo.

De acordo com Namakforoosh (2005), a análise dos dados deve responder à questão colocada pelo investigador. Para o presente estudo, foram adoptadas três medidas. A primeira é a Média (medida de tendência central), esta medida permite observar qual foi o item mais respondido dentro dos instrumentos aplicados (pré-teste - pós-teste), a segunda refere-se à Amplitude e a terceira ao Desvio (medidas de dispersão), como medidas que permitem observar o grau de dispersão, oscilação entre os itens respondidos nos instrumentos.

1.5 . Validação do instrumento

Após a aplicação do teste piloto num grupo de alunos estabelecido pela Faculdade, o instrumento foi validado utilizando o software SPSS[8], licenciado pela Universidade de Santo Tomás. Para esta validação foi utilizado o teste de Mann-Whitney, este teste consiste em medir o índice de correlação entre as questões desenhadas, este índice deve ser superior a 0,3, as tabelas seguintes mostram a correlação existente e o valor associado a cada uma delas.

1.5.1 . Categoria I, Aquisição, participação e criação/construção de conhecimentos em ambientes virtuais de aprendizagem

Quadro 4: Categoria de validação I

---

[8] O software SPSS é um conjunto de programas orientados para a análise estatística.

	PREG1	PREG2	PREG3	PREG	PREG 5	PREG	PREG
PREG1	1,000	-0,135	-0,135	-0,258	0,158	-0,200	0,258
PREG2	-0,135	1,000	-0,091	0,522	-0,213	,674(*)	-0,174
PREG3	-0,135	-0,091	1,000	0,522	0,426	-0,135	-0,174
PREG4	-0,258	0,522	0,522	1,000	0,000	,775(**)	-0,333
PREG5	0,158	-0,213	0,426	0,000	1,000	-0,316	0,408
PREG6	-0,200	,674(*)	-0,135	0,775(**)	-0,316	1,000	-0,258
PREG7	0,258	-0,174	-0,174	-0,333	0,408	-0,258	1,000

Fonte: elaboração própria.

Esta tabela 4 mostra a correlação existente para esta categoria, a questão 5 por exemplo apresenta uma correlação com a questão 9 de 0,522, ultrapassando o índice proposto pelo teste de Mann-Whitney.

1.5.2 . *Categoria II, Aquisição de conhecimentos, participação e criação/construção de conhecimentos em ambientes virtuais de aprendizagem*

Quadro 5: Categoria de validação II

	PRE G8	PRE G9	PREG 10	G	PRE	PREG	PREG	PREG	PREG 30
PREG 8	1,000	0,258	0,400		-0,199	-0,135	-0,200	-0,200	-0,316
PREG	0,258	1,000	0,258		0,214	0,522	0,258	0,258	0,000
PREG	0,400	0,258	1,000		-0,199	-0,135	-0,200	-0,200	-0,316
PREG	- 0,135	0,522	-0,135		,604(*)	1,000	,674(*)	,674(*)	0,426
PREG	- 0,200	0,258	-0,200		0,349	,674(*)	1,000	1,000(**)	,632(*)

PREG	- 0,200	0,258	-0,200	0,349	,674(*)	1,000(**)	1,000	,632(*)
PREG 30	- 0,316	0,000	-0,316	,630(*)	0,426	,632(*)	,632(*)	1,000

Fonte: elaboração própria.

1.5.3 Categoria III, Aquisição, participação e criação/construção de conhecimentos em ferramentas digitais

Esta tabela 5 mostra a correlação existente para esta categoria, a questão 12, por exemplo, tem uma correlação com a questão 10 de 0,604, excedendo o índice de Mann-Whitney.

Quadro 6: Categoria de validação III

	PREG15	PREG17	PREG18	PREG19	PREG22	PREG 20	PREG21	PREG16	PREG23	PREG25	PREG 29	PREG 26
PRE G15	1	0,810(**)	0,674(*)	0,349	0,4	-0,316	0,674(*)	0,775(**)	-0,316	0,775(**)	0,158	0,258
PRE G17	0,810(**)	1	0,632(*)	0,29	0,213	-0,405	0,632(*)	0,991(**)	-0,034	0,991(**)	-0,034	0,183
PRE G18	0,674(*)	0,632(*)	1	0,604(*)	-0,135	-0,213	1,000(**)	0,522	-0,213	0,522	-0,213	0,522
PRE G19	0,349	0,29	0,604(*)	1	-0,199	-0,315	0,604(*)	0,214	-0,315	0,214	-0,315	0,214
PRE G22	0,4	0,213	-0,135	-0,199	1	-0,316	-0,135	0,258	-0,316	0,258	0,632(*)	-0,258
PRE G20	-0,316	-0,405	-0,213	-0,315	-0,316	1	-0,213	-0,408	0,25	-0,408	-0,125	0,408
PRE G21	0,674(*)	0,632(*)	1,000(**)	0,604(*)	-0,135	-0,213	1	0,522	-0,213	0,522	-0,213	0,522
PRE G16	0,775(**)	0,991(**)	0,522	0,214	0,258	-0,408	0,522	1	0	1,000(**)	0	0,111
PRE G28	0	0,222	0,302	-0,037	-0,447	0	0,302	0,192	0,707(*)	0,192	0	0,192
PRE G23	-0,316	-0,034	-0,213	-0,315	-0,316	0,25	-0,213	0	1	0	0,25	0
PRE G24	0,674(*)	0,632(*)	1,000(**)	0,604(*)	-0,135	-0,213	1,000(**)	0,522	-0,213	0,522	-0,213	0,522

PRE											
G25	0,775(**)	0,991(**)	0,522	0,214	0,258	-0,408	0,522	1,000(**)	0	1	0	0,111
PRE												
G29	0,158	-0,034	-0,213	-0,315	0,632(*)	-0,125	-0,213	0	0,25	0	1	-0,408
PRE												
G26	0,258	0,183	0,522	0,214	-0,258	0,408	0,522	0,111	0	0,111	-0,408	1

Fonte: elaboração própria.

Esta tabela 6 mostra a correlação existente para esta categoria, a questão 13 por exemplo apresenta uma correlação com a questão 6 de 0,602, ultrapassando o índice de Mann-Whitney proposto pelo Mann-Whitney.

1.5.4 Validação das perguntas

Para validar a conceção das perguntas propostas, foi realizado um teste-piloto com um grupo de cinco estudantes seleccionados aleatoriamente na cidade de Bogotá, que pertenciam ao grupo experimental, o grupo ao qual foi aplicado o curso concebido com o Modelo ABP sobre AVA, ao qual foi atribuído o guia de perguntas e, graças às suas respostas, foi possível validar as perguntas que respondiam aos objectivos propostos.

1.6 Fase 2 - Conceção dos cenários virtuais

Esta fase inclui a elaboração do curso virtual para cada um dos grupos seleccionados; para o efeito, são definidos alguns elementos coincidentes que permitem um processo homogéneo, sem diferenças que possam alterar os resultados da investigação, para o que são necessárias as seguintes actividades

1.6.1 Conceção do modelo de comunicação

Inclui a conceção de interfaces, iconografia e outros elementos que permitem uma comunicação fluida entre professores e alunos e entre alunos e outros alunos.

1.6.2 Design de materiais

No entanto, em determinados momentos, é abordada uma situação particular que o professor deseja realçar, e é aí que se torna necessário criar materiais didácticos específicos que respondam às necessidades do modelo. Os materiais podem ser animações, interactivos, ilustrações ou composições digitais.

1.6.3 Conceção de guias e actividades pedagógicas

Dado que estão a ser comparadas duas concepções metodológicas, devem ser elaborados guias de instrução (para o modelo tradicional) e guias de actividades (no modelo PBL) que sejam coerentes com a formulação de cada um destes modelos.

1.7 Fase 3 - Experimentação

A experimentação é feita através da aplicação do teste de entrada (pré-teste) aos dois grupos (controlo e experimental) no início do curso, e no final do curso é aplicado o teste final (pós-teste) a ambos os grupos. Após a aplicação do teste de entrada, cada aluno tem acesso ao curso virtual correspondente. Receberam previamente esta informação, bem como formação sobre a utilização da plataforma Moodle (onde está alojado o curso virtual).

1.8 Fase 4 - Recolha de informações

Para esta fase, foi utilizada a opção de formulário Drive[9] do correio eletrónico

---

[9] Funciona diretamente num navegador Web do Google e facilita a criação de formulários graças à estrutura que gere, tendo em conta os tipos de perguntas e a forma como são respondidas.

institucional da Universidade Santo Tomás, no qual foram concebidos o teste de entrada (pré-teste) e o teste final (pós-teste). Estes testes podiam ser acedidos através dos dois cursos (ABP e Tradicional) por meio de um link localizado no início de cada um deles. Cada aluno entrava no seu respetivo curso com um nome de utilizador e uma palavra-passe definidos pelo departamento de TIC da Universidade, acedia ao instrumento e, depois de responder, era desativado para evitar que voltasse a entrar e pudesse afetar o estudo.

As categorias definidas nos instrumentos (pré-teste e pós-teste) foram:

- Aquisição de conhecimentos, participação e criação/construção em ambientes virtuais de aprendizagem.

- Aquisição, participação e criação/construção de conhecimentos na aprendizagem baseada em problemas.

- Aquisição, participação e criação/construção de conhecimentos em ferramentas digitais.

1.9 Fase 5 - Análise da informação

Para determinar a extensão da construção do conhecimento ao utilizar a Aprendizagem Baseada em Problemas e as Metodologias Tradicionais, foram efectuadas as seguintes análises:

- Análise de cada uma das categorias determinadas pelo investigador.

- Análise dos resultados no pré-teste e no pós-teste para cada uma das metodologias de aprendizagem.

- Análise dos resultados finais obtidos por cada uma das metodologias.

1.9.1 Grupo de discussão

Os grupos de discussão são uma técnica de recolha de dados através de uma entrevista de grupo semi-estruturada, guiada por um conjunto de questões cuidadosamente concebidas com um objetivo específico (Aigneren, 2006; Becket al., 2004), aplicada em grupos de pequena ou média dimensão (três a dez pessoas), neste cenário é encorajada uma conversa aprofundada em torno de um ou vários tópicos num ambiente descontraído e informal sob a orientação de um especialista em dinâmicas de grupo.

Esta dinâmica social, que surgiu através da interação nos grupos focais, é considerada fundamental na verificação dos resultados do presente estudo, permitindo reforçar os achados nos instrumentos aplicados, Pré - teste e Pós - Teste, aspectos como: a profundidade da experiência com o trabalho do novo Modelo, é enriquecida com as opiniões, participação e debates no seio do grupo.

Da mesma forma, o alcance desta experiência em termos pedagógicos e didácticos, são aspectos que são analisados com a aplicação dos instrumentos, Pré-teste e Pós-teste, mas graças ao trabalho com o grupo focal adquirem multiplicidade de pontos de vista, que resultam em processos emocionais que podem surgir na interação e dos quais o moderador pode inferir a sua eficácia ou não em termos de aprendizagem e construção de novos conceitos.

Hernández (2014) afirma que, para além de fazer a mesma pergunta a vários participantes, o seu objetivo é gerar e analisar a interação entre eles e a forma como os significados são construídos em grupo.

Com base no exposto, pretende-se que surjam atitudes, sentimentos, crenças, experiências e reacções nos participantes (Gibb, 1997). Para esta investigação, procuramos explorar em profundidade as categorias de análise propostas:

- Aquisição, participação e criação/construção de conhecimentos em ambientes virtuais de aprendizagem.

- Aquisição, participação e criação/construção de conhecimentos na aprendizagem baseada em problemas.
- Aquisição de conhecimento, participação e criação/construção em ferramentas digitais.

Com a aplicação desta técnica no grupo experimental, com o Modelo ABP-AVA, o objetivo é especificar, corroborar ou refutar o âmbito da construção do conhecimento, bem como detetar as relações entre determinados elementos pedagógicos, didácticos ou práticos, a fim de gerar novos conhecimentos.

O desenvolvimento dos grupos de discussão neste projeto exigiu a conceção de guias de entrevista pré-validados com perguntas de acordo com cada categoria de análise.

Tendo em conta o que precede, foram determinadas três fases de implementação para o grupo de discussão:

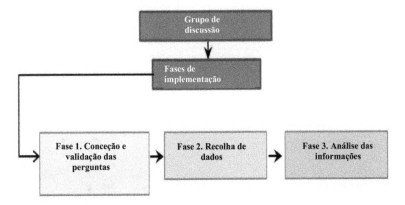

Figura 4. Fases para a realização do grupo focal Fonte: Elaborado pelos autores.

CAPÍTULO II

1. RESULTADOS E SISTEMATIZAÇÃO

Os resultados e a sua sistematização serão apresentados a partir de duas perspectivas: 1) Conceção de um Curso com o Modelo ABP-AVA para o domínio de formação Filosofia dos Ambientes Virtuais; 2) A partir da abordagem quantitativa com o desenho quase-experimental, que é suportado pela aplicação da técnica de recolha de dados denominada Focus Group no grupo experimental. Este instrumento permitirá a verificação ou refutação dos resultados obtidos na experiência.

Com base no exposto, apresentamos inicialmente o desenho e a estrutura do curso com o modelo ABP-AVA para o espaço académico de Filosofia dos Ambientes Virtuais de Aprendizagem, que abrigou o cenário de trabalho dos alunos do grupo experimental. Na segunda secção, são apresentados os resultados estatísticos da aplicação do desenho quase-experimental selecionado para esta investigação: grupo de controlo não equivalente. São tidos em conta os testes pré-teste e pós-teste realizados pelos dois grupos: controlo e experimental. Por fim, são discutidos os resultados obtidos no focus group.

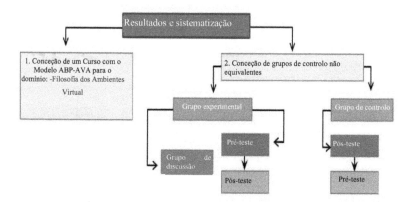

Figura 5: Fases de apresentação dos resultados e de sistematização

Fonte: elaboração própria

1.1 Conceção de um Curso com o Modelo ABP-AVA para o domínio da formação em filosofia em ambientes virtuais.

Romero (2011), propõe cinco momentos para a abordagem de uma proposta que contemple o desenho de um curso com o modelo ABP-AVA: Sensibilização, Enunciação do problema, Fundamentação, Apresentação da hipótese e Substancialização da hipótese. A seguir, apresentamos os resultados obtidos, com base nos momentos indicados por este autor e contextualizados para a proposta de pesquisa deste estudo.

66

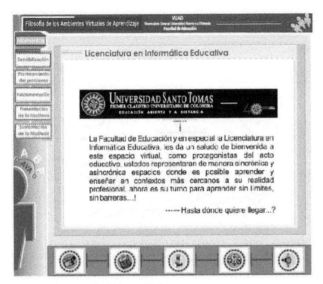

Figura 6: Conceção do VPA com PBA.
Fonte: elaboração própria.

O curso concebido para o espaço académico, filosofia dos ambientes virtuais, na sua janela de apresentação (Figura 6) permite abordar cada um dos espaços (Sensibilização, Problematização, Fundamentação, Apresentação da hipótese e Fundamentação da hipótese) através de botões situados no lado esquerdo, em cada um deles o aluno poderá aprofundar em termos de metodologia, temas e as diferentes actividades de apoio no seu processo de formação.

Nesta mesma janela, o aluno encontrará cinco ícones que lhe permitirão visualizar o programa de estudos, o calendário do processo juntamente com as actividades, os recursos de apoio, as informações de contacto do tutor e dos especialistas nas diferentes áreas que são estudadas em profundidade no curso e, finalmente, as diferentes formas de comunicação entre professor - aluno - aluno, como o e-mail, o *Skype, o chat* e o fórum social (Figura 2).

Figura 7: Ícones de apoio.
Fonte: elaboração própria.

Plano de estudos: neste link, o aluno poderá encontrar o plano de estudos do espaço académico, onde poderá visualizar a identificação do espaço de formação, o seu objetivo, o seu núcleo problemático, a metodologia, as competências, as unidades temáticas, as estratégias didácticas, os critérios de qualificação e a bibliografia.

Calendário: é apresentado tendo em conta os cinco momentos do curso, sensibilização, enunciado do problema, fundamentação, apresentação da hipótese e sustentação da hipótese. Em cada um deles, o aluno pode encontrar uma descrição do momento juntamente com as actividades a desenvolver nesse momento (Figura 6).

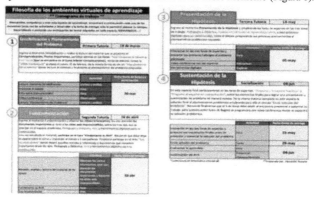

Figura 8 Calendário.

Fonte: elaboração própria.

Recursos de apoio: neste espaço são apresentadas ao aluno oito leituras de apoio sobre os temas que compõem o espaço académico como ambientes virtuais de aprendizagem, pedagogia e didática, ferramentas digitais, com as quais pode aprofundar um pouco mais cada um deles e aplicá-los na construção do seu AVA (figura 7).

Figura 9 Recursos de apoio.

Fonte: elaboração própria.

Tutores: neste espaço, os alunos poderão encontrar as informações de contacto do tutor do espaço académico (Alexander Romero), juntamente com os especialistas de cada um dos tópicos. A Dra. Gilma Sanabria partilhou a sua experiência nas áreas da pedagogia e da didática, o Lic. Carlos Huber Pinilla esteve presente como especialista em ambientes virtuais de aprendizagem, a Eng. Katherine Roa como especialista em ferramentas digitais, a Linguista Julia Isabel Roberto como especialista em técnicas de representação da comunicação e, finalmente, o Lic. Jorge Álvaro Quiroga como especialista em técnicas de apoio (figura 10).

Figura 10: Tutores.
Fonte: elaboração própria.

Comunicação: neste espaço, o aluno pode encontrar as diferentes formas de comunicação com o tutor, o especialista e os colegas de turma. Estas referem-se ao correio institucional, fórum social, skype e chat, cada um dos ícones direcciona-o para cada um dos espaços (figura 11).

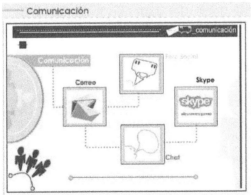

Figura 11. Comunicação.
Fonte: elaboração própria.

A concetualização e a justificação de cada um dos momentos são apresentadas em mais pormenor a seguir:

Momento 1 - Sensibilização

Reflete o compromisso inicial, mostrando a dimensão que a implementação da proposta pode ter, neste espaço, alunos e tutores têm uma primeira abordagem conceitual do que é considerado importante abordar antes de iniciar o curso. Este primeiro momento é composto por quatro espaços: Conceptualização, Orientações importantes, Actividades do momento e Videoconferência (Figura 10).

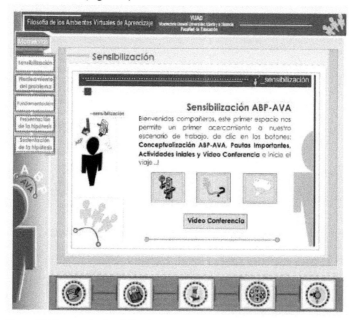

Figura 12. Momento 1 - Sensibilização.
Fonte: elaboração própria.

Conceptualização: o objetivo deste primeiro espaço do momento I é apresentar ao grupo de alunos o modelo de trabalho ABP-AVA, Romero (2011), sobre o qual se desenha a abordagem da proposta (Figura 11); através de uma apresentação com botões de navegação (Figura 14), o grupo poderá aproximar-se de uma breve definição de cada um dos momentos do curso, este primeiro contacto com a metodologia permitirá em espaços posteriores (Actividades e Videoconferência) debater e resolver inquietações nesta nova forma de aprender.

Figura 13 Modelo de estudo.

Fonte: elaboração própria.

Figura 14 Conceptualização.

Fonte: elaboração própria.

Orientações importantes: existem algumas regras do jogo (Figura 13) que o grupo deve conhecer e que são designadas por "Orientações importantes". É importante reconhecer que esse novo processo gera mudanças na forma de ensinar e aprender. Por isso, o modelo ABP - AVA entra nessa reflexão ao reconhecer que os ambientes virtuais de aprendizagem costumam mostrar uma face amigável aos processos educativos, mas o que fazem é se afastar dos modelos tradicionais e das formas que são comumente utilizadas para exercitar o que se aprende; por isso, é necessário que as regras do jogo sejam estabelecidas com mecanismos que permitam ao grupo optar por várias alternativas, tendo em vista que se trata de uma estratégia flexível, aberta a muitas formas de pensar e agir. Para um grupo que está "habituado" a que lhe digam sempre o que fazer e como atuar, esta pode ser uma possível barreira.

Figura 15 Orientações importantes.

Fonte: elaboração própria.

Actividades: são realizadas através de um fórum de discussão, que permite a troca de ideias através de uma pergunta, colocada a partir do objetivo central do curso. Reflicta sobre a essência dos Ambientes Virtuais de Aprendizagem (AVA). Que componentes pedagógicos, didácticos e tecnológicos considera (a partir da sua experiência académica e profissional) que um AVA deve conter na sua área de formação? (figura 14).

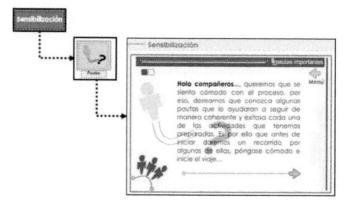

Figura 16 Actividades.

Fonte: elaboração própria.

Videoconferência: neste espaço os alunos podiam entrar nos diferentes espaços de videoconferência que foram desenvolvidos por cada um dos especialistas, nos quais cada tutor apresentava algumas dicas sobre o tema e esclarecia as diferentes dúvidas dos alunos (figura 15).

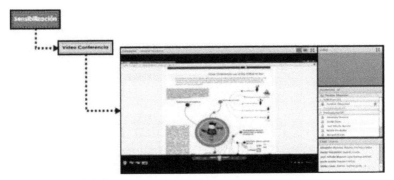

Figura 17: Videoconferência.

Fonte: elaboração própria.

Momento 2 - Declaração do problema

Este segundo momento aborda o problema sobre o qual o grupo vai centrar os seus esforços para encontrar a solução, o enunciado do problema considerou aspectos básicos para a sua escolha, o grupo de professores teve uma participação ativa na seleção do problema, onde cada um a partir da sua experiência, leva a refletir sobre um problema que desafia plenamente os seus conhecimentos e lhes permite pôr em prática os seus conhecimentos. (Figura 16).

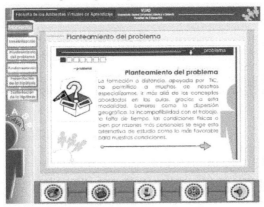

Figura 18 Momento 2 - Declaração do problema.

Fonte: elaboração própria.

Com exceção de algumas disciplinas, os bons problemas de ABP não aparecem nos manuais escolares. Por conseguinte, o grupo de tutores tem de encontrar os problemas, modificar os que constam dos manuais ou desenvolver novos problemas que visem os objectivos teóricos do curso e os objectivos de aprendizagem (White, 2004). O problema deve permitir que o aluno seja associado a situações realistas sob a forma de estudos de caso ou situações.

Por este motivo, foram criados espaços de reflexão onde foi possível discutir e, com a ajuda dos "especialistas", encontrar um problema que reunisse os aspectos mais importantes da investigação sobre o conhecimento e que reflectisse uma situação com a qual se irão certamente deparar na sua prática profissional (figura 17).

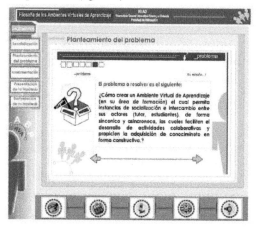

Figura 19 Problema a ser resolvido pelos alunos

Fonte: elaboração própria.

Momento 3 - Fundamentação

Este terceiro momento permite ao grupo de alunos aceder a um conjunto de recursos que facilitarão a investigação do problema colocado, centrado nas três áreas de ênfase, pedagogia e didática, ambientes virtuais de aprendizagem e ferramentas digitais para a conceção de ambientes virtuais de aprendizagem e, finalmente, o aluno encontrará um espaço para realizar as actividades do momento (figura 18).

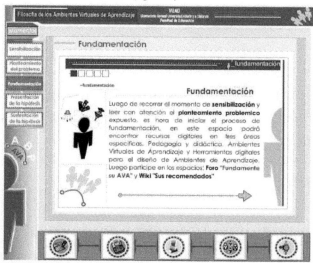

Figura 20 Justificação.

Fonte: elaboração própria.

O momento é reforçado com visitas a vídeos, documentos e sites (figura 19), que abrem ainda mais possibilidades na investigação e construção de hipóteses. A Internet oferece infinitas possibilidades para esta área, mas exige que os profissionais aprovem o conteúdo e indiquem se o problema colocado é ou não relevante para o grupo. Por isso, nesse tipo de aprendizagem, a interdisciplinaridade entre os tutores tem um papel fundamental na construção de um material que favoreça a aprendizagem.

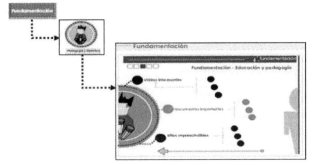

Figura 21. Material de apoio.
Fonte: elaboração própria.

No espaço de actividades apresentado na figura 20, existe um fórum e uma wiki. No primeiro, os alunos devem participar depois de analisarem os recursos digitais das diferentes áreas, respondendo à questão: Qual consideram ser o modelo e a estratégia pedagógica mais próximos das dinâmicas que surgem nos espaços digitais para que a construção do conhecimento ocorra na sua área de formação? Para além de fundamentarem a sua resposta, devem debater pelo menos três opiniões dos colegas. No caso do Wiki, os alunos devem partilhar sites recomendados, documentos ou algum material que nos permita continuar a apoiar o nosso trabalho nestas três áreas.

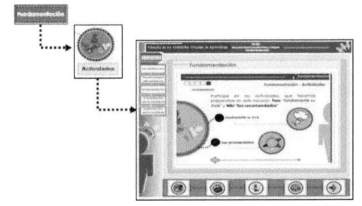

Figura 22. Actividades no momento da fundação.
Fonte: elaboração própria.

A Aprendizagem Baseada em Problemas exige do aluno um trabalho mais autónomo do que nas metodologias tradicionais. Ele deve construir os seus próprios conceitos, as suas próprias hipóteses, deve utilizar autonomamente os recursos oferecidos e recolher deles os elementos que considera importantes para a construção do seu trabalho, mas deve também partilhar as suas descobertas em termos de conhecimento com o grupo de estudo, o que lhe permitirá construir ainda mais elementos que facilitarão a sua argumentação na partilha quando chegar o momento da apresentação.

Momento 4 - Apresentação da hipótese

Dahle et al. (2008) afirmam que o princípio básico de um estudo baseado em problemas consiste no facto de o aprendente identificar claramente um problema ou uma questão, procurar de forma independente os conhecimentos necessários para responder a essa questão e, em seguida, aplicar os conhecimentos necessários adquiridos ao problema original.

Os conceitos recolhidos no Momento 3, permitem ao grupo de alunos amadurecer a sua resposta, ter abordagens mais fundamentadas e construídas com base nos recursos presentes no curso, o Momento 4 (Figura 21) foi construído em três espaços. O primeiro definido como "Interagir com os especialistas" recria a Metodologia PBL, estabelecendo diálogos com os especialistas presentes e apoiando a dinâmica de aprendizagem e a resolução do problema colocado. O segundo, "videoconferência com os especialistas", onde cada um dos especialistas terá um espaço para partilhar com os alunos sobre as diferentes áreas a serem trabalhadas no curso e o último espaço é o "Ferramentas", no qual é apresentado ao aluno um ambiente onde ele pode aprender sobre as diferentes ferramentas digitais que lhe permitirão construir ou fornecer uma solução para o problema colocado.

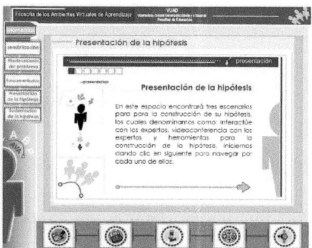

Figura 23. Momento 4 - Apresentação da hipótese.
Fonte: elaboração própria.

A plataforma Moodle, flexível em termos de espaços de interação, oferece várias estratégias para este fim. Os fóruns são considerados o local ideal para fundamentar as propostas que o grupo de alunos construiu para dar uma solução ao problema colocado, onde especialistas e alunos constroem elementos que lhes permitirão apoiar a sua hipótese.

Um dos espaços mais importantes do momento é: "Interagir com os especialistas". Aqui é apresentado um grupo de especialistas em cada uma das áreas de ênfase do espaço académico, pedagogia e didática, ambientes virtuais de aprendizagem e ferramentas digitais para a conceção de AVA, cuja missão é orientar as conclusões na apresentação da hipótese relativa ao problema colocado. Tendo em conta o exposto, a missão de cada um destes espaços é definida da seguinte forma:

- O perito pedagógico e didático (figura 21) apresenta aos alunos os modelos e estratégias pedagógicas sugeridos para a conceção e construção de ambientes virtuais de aprendizagem, bem como a forma de interpretar esses modelos e estratégias de acordo com os interesses de aprendizagem de cada um dos alunos.

- O perito em ambientes virtuais de aprendizagem (figura 22) aconselha os alunos sobre os conceitos derivados dos ambientes virtuais de aprendizagem, bem como sobre a conceção pedagógica a implementar na estruturação do AVA, destacando as plataformas atualmente mais utilizadas para a organização e esquematização de um ambiente de aprendizagem. Por fim, foram abordadas as fases de conceção e os elementos mínimos no desenvolvimento do AVA.

- O especialista em ferramentas digitais para a conceção de AVA (figura 23) orienta os alunos nas diferentes ferramentas da Web 2.0 e na sua aplicação em cenários virtuais de aprendizagem, salientando os requisitos mínimos em termos de conceção, incorporação de recursos digitais e construção de espaços comunicativos, fundamentais para a sua construção.

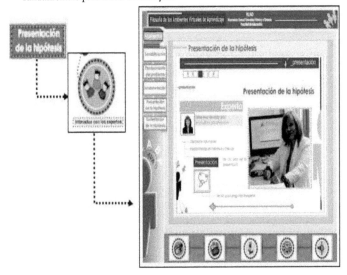

Figura 24 Especialista em pedagogia e didática.

Fonte: elaboração própria.

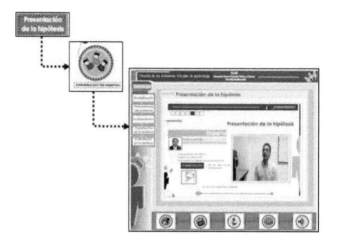

Figura 25 Perito em ambientes virtuais de aprendizagem.
Fonte: elaboração própria.

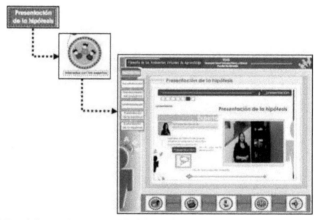

Figura 26. Especialista em ferramentas digitais.
Fonte: elaboração própria.

O papel do tutor é estimular e ajudar o grupo de estudo e, se os alunos se envolverem no seu trabalho ou perderem a perspetiva, reorientá-los para as áreas de estudo relevantes e para níveis de conhecimento realistas (Svedin & Koch, 1990).

Espaços como o fórum de especialistas (Figura 25) são considerados relevantes numa metodologia como a PBL, pois considera-se que o especialista desempenha um papel transcendental na dinâmica de construção do conhecimento ao longo do curso, estratégias assíncronas onde especialistas e alunos podem entrar a qualquer momento e indagar sobre o conhecimento são significativas no resultado final.

Figura 27. Fórum de peritos.

Fonte: elaboração própria.

Esta estratégia comunicativa é apoiada pela utilização de videoconferências com os peritos (Figura 26), o que significa para o estudante e para o perito um confronto visual, auditivo e escrito das dificuldades, questões ou recomendações que poderiam ser feitas para a apresentação da hipótese.

Ver do outro lado do ecrã a pessoa que apoiou o processo de reflexão sobre o problema colocado é uma experiência que se torna cada vez mais importante nos ambientes virtuais de aprendizagem. A utilização de vídeos em que cada perito explica cada um dos termos que se referem ao problema gera expectativas em relação ao espaço visual oferecido pela videoconferência, confrontando ideias e observando o debate ou o esclarecimento é um dos muitos argumentos para que o grupo continue a trabalhar no sentido de tornar os actuais espaços educativos propícios e pertinentes.

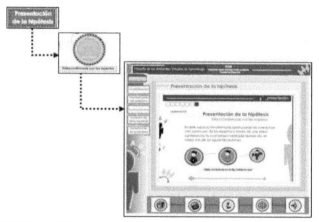

Figura 28. Videoconferência com peritos.

Fonte: elaboração própria.

O terceiro espaço do Momento 4 permite-lhes navegar através de diferentes ferramentas digitais (figura 27) que serão de grande ajuda para preparar "tecnologicamente" a fundamentação das suas hipóteses. Aqui, o especialista da área orienta o grupo de alunos na utilização pertinente de alguns elementos informáticos que permitirão mostrar os seus progressos no problema colocado.

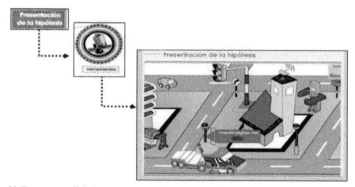

Figura 29. Ferramentas digitais.

Fonte: elaboração própria.

Foi feita uma viagem pelas ferramentas oferecidas pela Internet 2.0, baseada no conceito de que os internautas podem utilizar recursos baseados em dois elementos fundamentais: gratuidade e comunidade. A geração de sítios que apresentam estes conceitos catapultou a Web para outro conceito que talvez ninguém tenha imaginado. De facto, as comunidades virtuais que atualmente se encontram nestes sites elevam estas possibilidades, quebrando paradigmas de comunicação e elevando a utilização destes sites à categoria máxima, como parte fundamental para que qualquer criança, jovem ou adulto possa ter acesso aos mesmos.

Momento 5 - Fundamentação da Hipótese

Neste momento, o grupo de estudantes e os peritos reúnem-se para mostrar e avaliar os

80

resultados, tendo sido preparadas para este momento duas reuniões prévias com dois peritos adicionais. Estes orientarão o grupo de alunos no apoio à hipótese, nos espaços definidos como "Técnicas de representação do conhecimento" e "Técnicas de apoio", aumentando o grau de competências que pretendem fomentar nos profissionais (Figura 28).

Em primeiro lugar, Técnicas de representação do conhecimento, conduzidas por um profissional de linguística e literatura, (Figura 29), apoiam o grupo em conceitos de forma e estilo na produção de texto, expondo da mesma forma algumas técnicas ou estratégias mais adequadas para apoiar a resolução do problema na área de formação dos diferentes alunos.

Em segundo lugar, Técnicas de Apoio, liderada por um licenciado em informática e publicitário, (Figura 30) acrescenta ao espaço de formação conceitos e fundamentos para a apresentação em público, aquelas técnicas que reforçam a apresentação da hipótese perante os pares, tutores e especialistas. Estes conceitos são relevantes na ordem da segurança e da credibilidade que são necessárias para apoiar a solução do problema, este profissional expõe através de espaços como a videoconferência e o fórum, ideias e estratégias para que a fase final "Fundamentação da hipótese" permita demonstrar os resultados de uma forma criativa e argumentada.

Figura 30 Momento 5 Fundamentação da hipótese Fonte: elaboração própria.

Figura 31 Técnicas de representação do conhecimento.
Fonte: elaboração própria.

Figura 32. Técnicas de elevação.
Fonte: elaboração própria.

31.1.1 Conceção quase-experimental, grupo de controlo não equivalente

Com base nos resultados obtidos nos testes (pré-teste e pós-teste), com o objetivo de estabelecer o âmbito da construção do conhecimento no domínio de formação Filosofia dos Ambientes Virtuais de Aprendizagem na Faculdade de Educação da Universidade de Santo Tomás - VUAD. Foi efectuada uma divisão em dois grupos. O primeiro com a aplicação do Modelo ABP - AVA (grupo experimental).

O segundo grupo manteve a metodologia tradicional (grupo de controlo). Foram determinadas as seguintes fases para a apresentação dos resultados e a sua posterior sistematização:

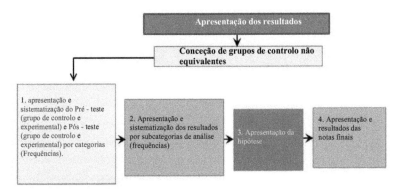

Figura 33. Fases de apresentação dos resultados

Fonte: elaboração própria

1.2 *Apresentação e sistematização do Pré - teste (grupo de controlo e experimental) e Pós - teste (grupo de controlo e experimental) por categorias (Frequências).*

A apresentação dos resultados finais das três categorias foi definida pelo investigador através de uma análise de frequências. Após a fase de recolha de dados, são apresentados os resultados finais do pré-teste (grupo de controlo e experimental) e do pós-teste (grupo de controlo e experimental), com base na escala de Likert utilizada para a sua sistematização. Esta primeira apresentação refere-se à análise de frequências, definida por Hueso e Cascant (2012) como uma medida que se refere ao número de vezes que uma variável assume um determinado valor.

Para apoiar a visualização dos resultados, são gerados gráficos de barras utilizando o software SPSS, com os quais é possível observar o nível de frequências com base na escala proposta pelo investigador, especificando a seguinte informação

- Respostas no pós-teste e no pré-teste (grupo de controlo e experimental) com base na escala de Likert definida pelo investigador.
- Frequências de respostas (grupo de controlo e experimental) para cada uma das escalas definidas pelo investigador.

Na primeira Categoria: Aquisição, participação e criação - construção do conhecimento dos Ambientes Virtuais de Aprendizagem, a Tabela 7 apresenta as respostas obtidas após a aplicação do pós-teste e do pré-teste.

Tabela 7: Frequência da categoria de ambientes virtuais de aprendizagem.

			Grupo		
			Grupo de controlo	Grupo experimental	
Tipo de ensaio					Total
Pós-teste	Resposta	Não concordo nem discordo	7,1%	4,3%	5,7%
		Parcialmente de acordo	22,7%	34,2%	28,6%

		Discordo parcialmente	9,1%	11,8%	10,5%
		Concordo plenamente	42,9%	49,7%	46,3%
		Discordo totalmente	18,2%		8,9%
		Total	100,0%	100,0%	100,0%
Pré-teste	Resposta	Não concordo nem discordo	8,4%	11,8%	10,2%
		Parcialmente de acordo	26,6%	16,8%	21,6%
		Discordo parcialmente	17,5%	21,7%	19,7%
		Concordo plenamente	32,5%	28,0%	30,2%
		Discordo totalmente	14,9%	21,7%	18,4%
		Total	100,0%	100,0%	100,0%

Fonte: elaboração própria.

O gráfico 30 mostra o nível de frequências dadas às questões da categoria de ambientes virtuais de aprendizagem nos grupos experimental e de controlo no teste final denominado Pós-teste.

Tipo de test=Post-test

Categoria: Adquisición, participación y creación-construcción de conocimientos de los Ambientes Virtuales de Aprendizaje

Gráfico 8. Frequências do pós-teste na categoria ambientes virtuais de aprendizagem.

Fonte: elaboração própria.

A Figura 9 mostra o nível de frequências das respostas dadas pelos alunos dos grupos experimental e de controlo no pré-teste para a categoria de ambientes virtuais de aprendizagem, onde se observa uma maior repetição na escala de concordo fortemente para ambos os grupos.

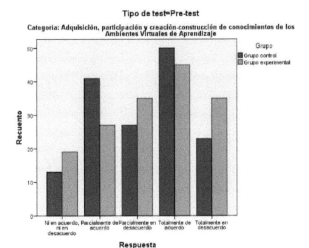

Gráfico 9. Frequências do pré-teste na categoria ambientes virtuais de aprendizagem.

Fonte: elaboração própria.

Categoria: Aquisição, participação e criação de conhecimento na Aprendizagem Baseada em Problemas.

A Tabela 8 apresenta as frequências das respostas dos alunos no pré-teste e no pós-teste para cada um dos grupos de controlo e experimental, tendo em conta as questões agrupadas na categoria de aprendizagem baseada em problemas.

Tabela 8: Frequências de pré-teste e pós-teste do grupo de controlo e do grupo experimental % dentro do grupo

| Tipo de ensaio | | | Grupo | | Total |
			Grupo de controlo	Grupo experimental	
Pós-teste	Resposta	Não concordo nem discordo	4,5%	6,5%	5,6%
		Parcialmente de acordo	26,7%	20,1%	23,3%
		Discordo parcialmente	9,1%	15,8%	12,5%

		Concordo plenamente	39,8%	57,6%	48,9%
		Discordo totalmente	19,9%		9,7%
	Total		100,0%	100,0%	100,0%
Pré-teste	Resposta	Não concordo nem discordo	15,3%	12,0%	13,6%
		Parcialmente de acordo	25,6%	29,3%	27,5%
		Discordo parcialmente	8,5%	19,0%	13,9%
		Concordo plenamente	36,9%	33,7%	35,3%
		Discordo totalmente	13,6%	6,0%	9,7%
	Total		100,0%	100,0%	100,0%

Fonte: elaboração própria.

A Figura 10 mostra as frequências de respostas às questões da categoria de aprendizagem baseada em problemas para cada um dos grupos no pós-teste.

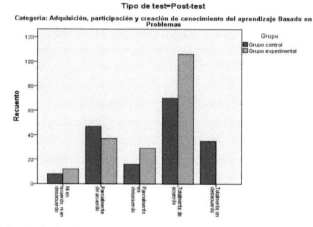

Tipo de test=Post-test

Categoria: Adquisición, participación y creación de conocimiento del aprendizaje Basado en Problemas

Gráfico 10. Frequências das frequências do pós-teste na categoria de aprendizagem baseada em problemas.

Fonte: elaboração própria.

A Figura 11 mostra as frequências das respostas dadas por cada grupo, de controlo e experimental, ao pré-teste das questões da categoria de aprendizagem baseada em problemas.

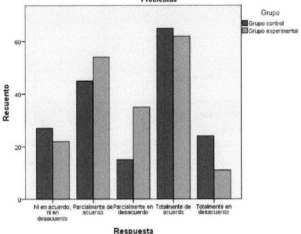

Tipo de test=Pre-test

Categoria: Adquisición, participación y creación de conocimiento del aprendizaje Basado en Problemas

Gráfico 11. Frequências de pré-teste na categoria de aprendizagem baseada em problemas Fonte: elaboração própria.

Categoria: Aquisição, participação e criação - conhecimento das ferramentas digitais.

A Tabela 9 apresenta as respostas dadas pelos alunos no pós-teste e no pré-teste, reflectidas de acordo com a escala de Likert, na qual apenas são apresentadas as questões colocadas aos alunos sobre a categoria das ferramentas digitais.

Tabela 9. Frequências do pós-teste e do pré-teste na categoria ferramentas digitais.

Tipo de ensaio			Grupo		Total
			Grupo de controlo	Grupo experimental	
Pós-teste	Resposta	Não concordo nem discordo	2,4%	4,3%	3,4%
		Em parte por acordo	19,1%	21,7%	20,4%
		Parcialmente em desacordo	10,0%	14,5%	12,3%
		Concordo plenamente	50,6%	59,4%	55,1%
		Inteiramente em desacordo	17,9%		8,7%

87

			100,0%	100,0%	100,0%
	Total				
Pré-teste	Resposta	Não concordo nem discordo	3,0%	4,1%	3,6%
		Em parte por acordo	20,0%	16,2%	18,1%
		Parcialmente em desacordo	11,2%	9,0%	10,1%
		Concordo plenamente	53,3%	51,3%	52,3%
		Inteiramente em desacordo	12,4%	19,4%	16,0%
	Total		100,0%	100,0%	100,0%

Fonte: elaboração própria.

A Figura 7 apresenta as frequências das respostas dadas pelos alunos no pós-teste para as questões da categoria ferramentas digitais.

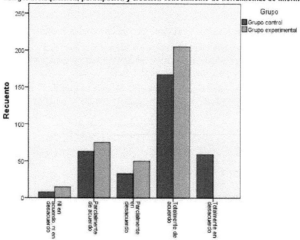

Tipo de test=Post-test

Categoria: Adquisición, participación y creación-conocimiento de herramientas de informàtica

Gráfico 12. Frequências do pós-teste na categoria ferramentas digitais.

Fonte: elaboração própria.

A Figura 13 apresenta as frequências das respostas em escala de Likert dadas pelos alunos às questões da categoria ferramentas digitais no pré-teste.

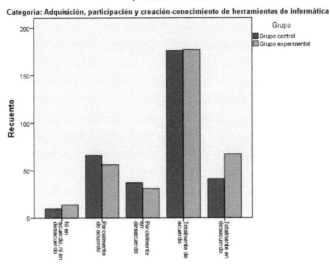

Tipo de test=Pre-test

Categoria: Adquisición, participación y creación-conocimiento de herramientas de informàtica

Gráfico 13. Frequências do pré-teste na categoria ferramentas digitais.

Fonte: elaboração própria.

1.3 *Apresentação e Sistematização dos Resultados por Subcategorias de Análise (Frequências)*

Apresentam-se de seguida as frequências de cada uma das subcategorias trabalhadas na investigação, tendo em conta o pré-teste e o pós-teste, aplicados aos alunos dos dois grupos, controlo e experimental.

Categoria e subcategoria: Aprendizagem virtual - Ambientes de aquisição.

A Tabela 10 apresenta as frequências do pré-teste e do pós-teste das respostas dadas pelos alunos segundo uma escala de Likert, tendo em conta apenas as questões colocadas para a subcategoria aquisição da categoria de ambientes virtuais de aprendizagem. As Figuras 14 e 17 mostram também as frequências representadas em forma de coluna para cada uma das opções da escala respondida no pós-teste e no pré-teste, respetivamente, tendo em conta esta categoria.

Tabela 10: Frequências do pós-teste e do pré-teste da subcategoria aquisição.

Tipo de ensaio			Grupo	
			Grupo de controlo	Grupo experimental
Pós-teste	Resposta	Não concordo nem discordo	4,5%	2,2%
		Parcialmente de acordo	15,9%	34,8%
		Discordo parcialmente	6,8%	6,5%

		Concordo plenamente	50,0%	56,5%
		Discordo totalmente	22,7%	
	Total		100,0%	100,0%
Pré-teste	Resposta	Não concordo nem discordo	2,3%	4,3%
		Parcialmente de acordo	18,2%	15,2%
		Discordo parcialmente	9,1%	8,7%
		Concordo plenamente	47,7%	32,6%
		Discordo totalmente	22,7%	39,1%
	Total		100,0%	100,0%

Fonte: elaboração própria.

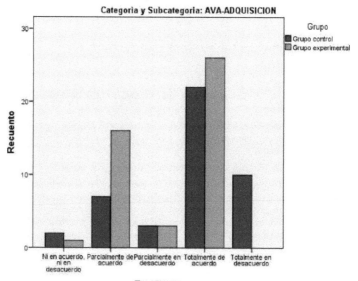

Gráfico 14. Frequência do pós-teste VPA - Aquisição
Fonte: elaboração própria.

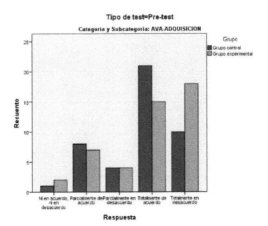

Tipo de test=Pre-test

Categoria y Subcategoria: AVA-ADQUISICION

Respuesta

Gráfico 15: Frequência do pré-teste VPA - Aquisição.

Fonte: elaboração própria.

Categoria e subcategoria: Ambientes virtuais de aprendizagem - Participação

A Tabela 6 apresenta as frequências dadas pelas respostas dos alunos às diferentes questões que compõem a subcategoria participação dentro da categoria ambientes virtuais de aprendizagem, expressas a partir do pós-teste e do pré-teste respondidos pelos grupos de controlo e experimental.

Nos gráficos 16 e 17 observamos por meio de colunas a representação dos resultados das frequências na subcategoria participação no pós-teste e no pré-teste respetivamente.

Tabela 11: Frequências do pós-teste e do pré-teste da subcategoria participação.

			Grupo	
Tipo de ensaio			**Grupo de controlo**	**Grupo experimental**
Pós-teste	Resposta	Não concordo nem discordo	4,5%	5,8%
		Parcialmente de acordo	24,2%	36,2%
		Discordo parcialmente	10,6%	14,5%
		Concordo plenamente	42,4%	43,5%
		Discordo totalmente	18,2%	
	Total		100,0%	100,0%
Pré-teste	Resposta	Não concordo nem discordo	9,1%	13,0%

		Parcialmente de acordo	30,3%	15,9%
		Discordo parcialmente	19,7%	24,6%
		Concordo plenamente	28,8%	29,0%
		Discordo totalmente	12,1%	17,4%
	Total		100,0%	100,0%

Fonte: elaboração própria.

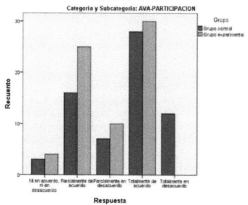

Gráfico 16. Frequências do pós-teste subcategoria participação.

Fonte: elaboração própria.

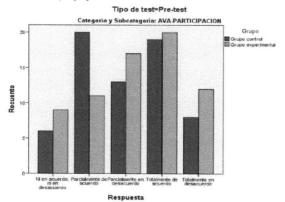

Gráfico 17: Frequências do pré-teste da subcategoria participação.

Fonte: elaboração própria.

Categoria e subcategoria: Ambientes virtuais de aprendizagem - criação/construção.

A Tabela 13 apresenta as frequências obtidas de acordo com a escala de Likert das respostas dadas pelos alunos no pós-teste e no pré-teste para o grupo de questões da subcategoria criação/construção da categoria ambientes virtuais de aprendizagem, nos dois grupos, controlo e experimental. Os gráficos 19 e 19 são também apresentados em tipo coluna onde são apresentadas as frequências do pós-teste e do pré-teste, respetivamente.

Tabela 12. Frequências do pós-teste e do pré-teste subcategoria criação/construção.

Tipo de ensaio			Grupo	
			Grupo de controlo	Grupo experimental
Pós-teste	Resposta	Não concordo nem discordo	13,6%	4,3%
		Parcialmente de acordo	27,3%	30,4%
		Discordo parcialmente	9,1%	13,0%
		Concordo plenamente	36,4%	52,2%
		Discordo totalmente	13,6%	
	Total		100,0%	100,0%
Pré-teste	Resposta	Não concordo nem discordo	13,6%	17,4%
		Parcialmente de acordo	29,5%	19,6%
		Discordo parcialmente	22,7%	30,4%
		Concordo plenamente	22,7%	21,7%
		Discordo totalmente	11,4%	10,9%
	Total		100,0%	100,0%

Fonte: elaboração própria.

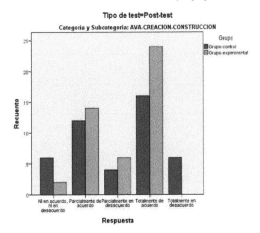

Tipo de test=Post-test

Categoria y Subcategoria: AVA-CREACION-CONSTRUCCION

Grupo
■ Grupo control
□ Grupo experimental

Recuento

Respuesta

Ni en acuerdo, ni en desacuerdo / Parcialmente de acuerdo / Parcialmente en desacuerdo / Totalmente de acuerdo / Totalmente en desacuerdo

Gráfico 18. Frequências do pós-teste da subcategoria criação/construção.
Fonte: elaboração própria.

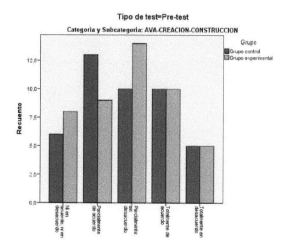

Tipo de test=Pre-test
Categoria y Subcategoria: AVA-CREACION-CONSTRUCCION

Gráfico 19. Frequências do pré-teste da subcategoria criação/construção.
Fonte: elaboração própria.

Categoria e subcategoria: Aprendizagem baseada em problemas - Aquisição.

A Tabela 14 apresenta as frequências das respostas dadas pelos alunos dos dois grupos (controlo e experimental) ao pós-teste e ao pré-teste. Tendo em conta as questões que abrangem a subcategoria aquisição da categoria aprendizagem baseada em problemas. Da mesma forma, estas frequências são representadas graficamente (gráfico 20 e 21) tendo em conta a escala de Likert.

Tabela 13. Frequências do pós-teste e do pré-teste da subcategoria aquisição.

			Grupo	
Tipo de ensaio			Grupo de controlo	Grupo experiment al
Pós-teste	Resposta	Não concordo nem discordo	6,8%	8,7%
		Parcialmente de acordo	25,0%	13,0%
		Discordo parcialmente	9,1%	17,4%
		Concordo plenamente	38,6%	60,9%
		Discordo totalmente	20,5%	
	Total		100,0%	100,0%

Pré-teste	Resposta	Não concordo nem discordo	13,6%	19,6%
		Parcialmente de acordo	29,5%	30,4%
		Discordo parcialmente	6,8%	15,2%
		Concordo plenamente	36,4%	26,1%
		Discordo totalmente	13,6%	8,7%
	Total		100,0%	100,0%

Fonte: elaboração própria.

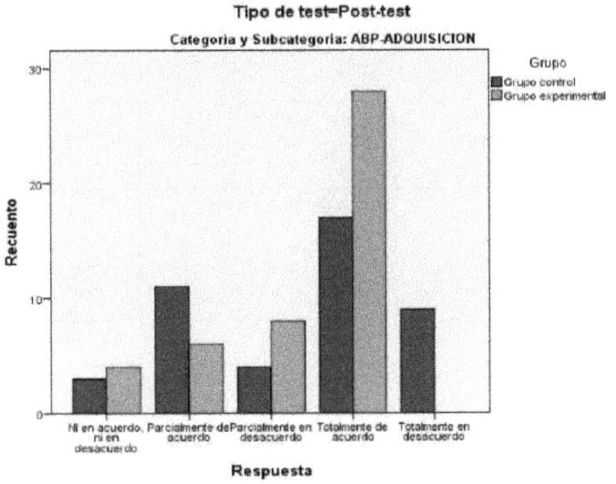

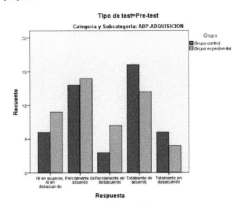

Figura 20. Frequências de aquisição das subcategorias no pós-teste.
Fonte: elaboração própria.

Gráfico 21: Frequências do pré-teste da subcategoria aquisição.
Fonte: elaboração própria.

95

Categoria e subcategoria: Aprendizagem baseada em problemas - Participação

A Tabela 14 apresenta as frequências das respostas dadas às questões que compõem a subcategoria participação da categoria aprendizagem baseada em problemas, categorias estabelecidas a partir do pós-teste e do pré-teste tendo em conta a escala de Likert. São também apresentados os gráficos de colunas para cada um dos testes (pós-teste e pré-teste), mostrando as frequências dadas em cada um deles (gráficos 22 e 23).

Tabela 14. Frequências do pós-teste e do pré-teste da subcategoria participação.

Tipo de ensaio			Grupo	
			Grupo de controlo	Grupo experimental
Pós-teste	Resposta	Não concordo nem discordo	2,3%	6,5%
		Em parte por acordo	18,2%	15,2%
		Parcialmente em desacordo	9,1%	15,2%
		Concordo plenamente	52,3%	63,0%
		Inteiramente em desacordo	18,2%	
	Total		100,0%	100,0%
Pré-teste	Resposta	Não concordo nem discordo	20,5%	8,7%
		Em parte por acordo	18,2%	17,4%
		Parcialmente em desacordo	6,8%	23,9%
		Concordo plenamente	40,9%	45,7%
		Inteiramente em desacordo	13,6%	4,3%
	Total		100,0%	100,0%

Fonte: elaboração própria.

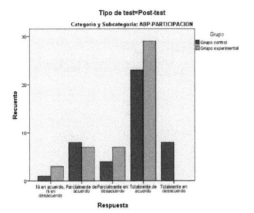

Gráfico 22. Frequências do pós-teste subcategoria participação.

Fonte: elaboração própria.

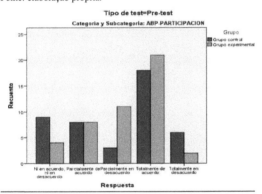

Gráfico 23. Frequências do pré-teste subcategoria participação.

Fonte: elaboração própria.

Categoria e subcategoria: Aprendizagem baseada em problemas -Criação-Construção

A tabela 15 apresenta as frequências das respostas dadas pelos alunos dos dois grupos (controlo e experimental) ao pós-teste e ao pré-teste, tendo em conta as questões que abrangem a subcategoria criação - construção da categoria aprendizagem baseada em problemas. Da mesma forma, estas frequências são observadas em forma de gráfico (gráfico 24 e 25) tendo em conta a escala de Likert.

Tabela 15: Frequências do pós-teste e do pré-teste da subcategoria criação - construção.

Tipo de ensaio			Grupo	
			Grupo de controlo	Grupo experimental
Pós-teste	Resposta	Não concordo nem discordo	4,5%	5,4%
		Parcialmente de acordo	31,8%	26,1%

		Discordo parcialmente	9,1%	15,2%
		Concordo plenamente	34,1%	53,3%
		Discordo totalmente	20,5%	
	Total		100,0%	100,0%
Pré-teste	Resposta	Não concordo nem discordo	13,6%	9,8%
		Parcialmente de acordo	27,3%	34,8%
		Discordo parcialmente	10,2%	18,5%
		Totalmente de acordo	35,2%	31,5%
		Inteiramente em desacordo	13,6%	5,4%
	Total		100,0%	100,0%

Fonte: elaboração própria.

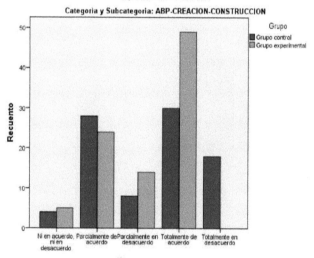

Gráfico 24. Frequências do pós-teste da subcategoria criação - construção.

Fonte: elaboração própria.

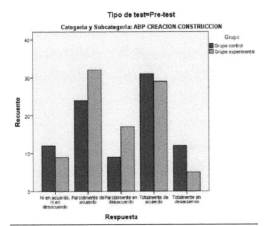

Gráfico 25. Frequências do pré-teste da subcategoria criação - construção.

Fonte: elaboração própria.

Categoria e subcategoria: Ferramentas digitais - Contratos públicos

A Tabela 16 apresenta as frequências dadas pelos alunos para o conjunto de questões da subcategoria aquisição da categoria ferramentas digitais. Estas são expressas a partir do pós-teste e do pré-teste para cada um dos grupos de controlo e experimental. Estas frequências são também apresentadas graficamente através de colunas para cada um dos itens da escala de Likert (gráficos 26 e 27).

Tabela 16. Frequências do pós-teste e do pré-teste da subcategoria aquisição.

			Grupo	
Tipo de ensaio			Grupo de controlo	Grupo experimental
Pós-teste	Resposta	Não concordo nem discordo	2,3%	5,4%
		Parcialmente de acordo	17,0%	22,8%
		Discordo parcialmente	11,4%	14,1%
		Concordo plenamente	53,4%	57,6%
		Discordo totalmente	15,9%	
	Total		100,0%	100,0%
Pré-teste	Resposta	Não concordo nem discordo		5,4%
		Em parte por acordo	12,5%	14,1%

		Parcialmente em desacordo	10,2%	7,6%
		Totalmente de acordo	62,5%	52,2%
		Inteiramente em desacordo	14,8%	20,7%
	Total		100,0%	100,0%

Fonte: elaboração própria.

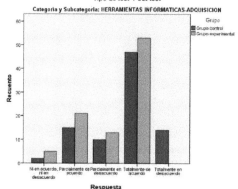

Gráfico 26: Frequências do pós-teste da subcategoria aquisição.

Fonte: elaboração própria.

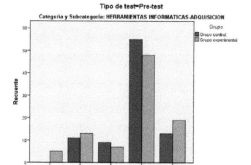

Gráfico 27: Frequências do pré-teste da subcategoria aquisição.

Fonte: elaboração própria.

Categoria e subcategoria: Ferramentas digitais - Participação.

A Tabela 21 apresenta as frequências obtidas de acordo com a escala de Likert das respostas dadas pelos alunos no pós-teste e no pré-teste para o grupo de questões da subcategoria participação da categoria ferramentas digitais, nos dois grupos, controlo e experimental. Os gráficos 28 e 29 são também apresentados em tipo coluna, onde são apresentadas as frequências do pós-teste e do pré-teste, respetivamente.

Tabela 17. 1 Frequências do pós-teste e do pré-teste subcategoria participação.

Tipo de ensaio			Grupo	
			Grupo de controlo	Grupo experimen tal
Pós-teste	Resposta	Não concordo nem discordo	5,6%	3,2%
		Parcialmente de acordo	23,3%	23,2%
		Discordo parcialmente	13,3%	20,0%
		Concordo plenamente	43,3%	53,7%
		Discordo totalmente	14,4%	
	Total		100,0%	100,0%
Pré-teste	Resposta	Não concordo nem discordo	5,5%	7,4%
		Parcialmente de acordo	34,1%	21,1%
		Discordo parcialmente	15,4%	14,7%
		Concordo plenamente	38,5%	45,3%
		Discordo totalmente	6,6%	11,6%
	Total		100,0%	100,0%

Fonte: elaboração própria.

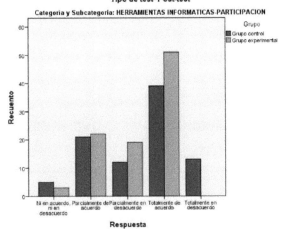

Gráfico 28: Frequências do pós-teste da subcategoria participação.

Fonte: elaboração própria.

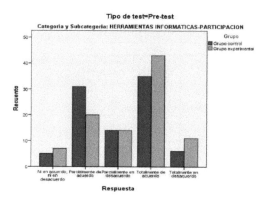

Gráfico 29: Frequências do pré-teste da subcategoria participação.

Fonte: elaboração própria.

Categoria e subcategoria: Ferramentas digitais - Criação - Construção.

A Tabela 22 apresenta as frequências do pré-teste e do pós-teste das respostas dadas pelos alunos segundo uma escala de Likert, tendo em conta apenas as questões colocadas para a subcategoria criação-construção da categoria ferramentas digitais. As Figuras 30 e 31 mostram também as frequências representadas em forma de coluna para cada uma das opções da escala respondida no pós-teste e no pré-teste, respetivamente, tendo em conta esta categoria.

Tabela 18. Frequências do pós-teste e do pré-teste da subcategoria criação - construção.

Tipo de ensaio			Grupo	
			Grupo de controlo	Grupo experimental
Pós-teste	Resposta	Não concordo nem discordo	0,7%	4,4%
		Parcialmente de acordo	17,8%	20,3%
		Discordo parcialmente	7,2%	11,4%
		Concordo plenamente	53,3%	63,9%
		Discordo totalmente	21,1%	
	Total		100,0%	100,0%
Pré-teste	Resposta	Não concordo nem discordo	3,3%	1,3%
		Em parte por acordo	15,9%	14,6%
		Parcialmente em desacordo	9,3%	6,3%

		Concordo plenamente	57,0%	54,4%
		Inteiramente em desacordo	14,6%	23,4%
	Total		100,0%	100,0%

Fonte: elaboração própria.

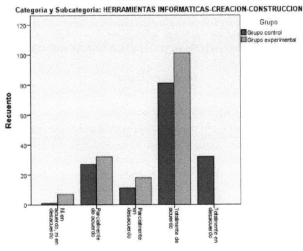

Gráfico 30. Frequências do pós-teste da subcategoria criação - construção.

Fonte: elaboração própria.

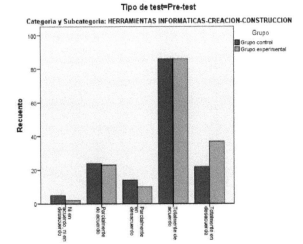

Gráfico 31. Frequências do pré-teste da subcategoria criação - construção.

Fonte: elaboração própria.

1.4 Apresentação da hipótese

1.4.1 Hipótese

Para Siegel (2009), o teste Qui-quadrado (X^2) pode ser utilizado para determinar a significância da diferença entre dois grupos independentes. Para isso, os autores sugerem testar uma hipótese em que alguma caraterística é variada. No caso desta investigação, trata-se de testar o modelo ABP - AVA contra outro (controlo) no grupo experimental. O modelo VUAD tradicional, em termos de abrangência da construção do conhecimento.

Consequentemente, o teste do Qui-quadrado é utilizado para determinar se existe uma diferença entre as duas metodologias de construção do conhecimento. Considerando que Ho é rejeitada se o valor da probabilidade (significância assintótica) for inferior a alfa, o nível de significância do teste utilizado no SPSS é de 0,05.

$$Ho < a = \text{a hipótese é rejeitada.}$$

1.4.2 Declaração de hipótese geral.

Foram formuladas as seguintes hipóteses para a investigação:

Ho: Não há diferença significativa entre os resultados produzidos pelas duas metodologias.

H1: Sim, existe uma diferença significativa entre os resultados produzidos pelas duas metodologias.

Com base na tabela 23 do teste do qui-quadrado, no pós-teste observa-se uma probabilidade de 0,00 inferior a 0,05 (probabilidade com que o SPSS trabalha). Por conseguinte, rejeita-se Ho, indicando que existe uma diferença significativa entre o grupo de controlo e o grupo experimental. Já para o pré-teste, observa-se que a probabilidade é de 0,182 maior que 0,05, o que não rejeita Ho, indicando que não há diferença significativa entre os dois grupos.

Este teste de hipóteses corrobora os resultados anteriormente expostos na apresentação e sistematização do Pré-teste e Pós-teste por categorias e subcategorias, permitindo estabelecer que o modelo ABP-AVA apresenta níveis mais elevados de construção de conhecimento comparativamente à metodologia tradicional VUAD, esta leitura é suportada pelas medições efectuadas no início e no final do processo.

Tabela 19. Testes de qui-quadrado.

Tipo de ensaio		Valor	Gl	Significância assintótica (bilateral)
Pós-	Qui-quadrado de	142,525 b		
	testePearson	189,677		0,000
	Rácio de verosimilhança N de casos válidos	1350		0,000
Pré-testeQuadrado	de			
	Rácio de verosimilhança de Pearson N de casos válidos			0,182
		6,237ᶜ		0,181
		6,249 1350		

Fonte: elaboração própria.

2. Resultados da categoria

Com base nas categorias propostas na investigação, é apresentado o teste de hipóteses para determinar se estas são aceites ou rejeitadas de acordo com o teste do qui-quadrado.

Aquisição de categorias, participação e criação de conhecimento - construção de Ambientes Virtuais de Aprendizagem:

Ho: Não existe diferença significativa nos resultados produzidos pelas duas metodologias na aquisição, participação e criação-construção de conhecimento em Ambientes Virtuais de Aprendizagem.

H1: Existe uma diferença significativa nos resultados produzidos pelas duas metodologias na aquisição, participação e criação-construção de conhecimento dos Ambientes Virtuais de Aprendizagem.

Tabela 20. Testes de qui-quadrado para a categoria de ambientes virtuais de aprendizagem

Tipo de ensaio		Valor	gi	Significância assintótica (bilateral)
Pós-	Qui-quadrado de testePearson			
		$35,295^c$		0,000
	Rácio de verosimilhança			
		46,144		0,000
	N de casos válidos			
		315		
Pré-testeQuadrado	de			
	Rácio de verosimilhança de	$7,634^d$		0,106
	Pearson N de casos válidos			
		7,678 315		0,104

Fonte: elaboração própria.

Tendo em conta a probabilidade com que o software SPSS trabalha, que é de 0,05, a tabela 25 apresenta os resultados do pós-teste com uma probabilidade de 0,00, que é inferior a 0,05, pelo que, tendo em conta que Ho < 0,05, rejeita-se Ho e aceita-se H1, o que indica que existe uma diferença significativa entre o grupo de controlo e o grupo experimental.

Da mesma forma, se forem observados os resultados para o pré-teste, percebe-se que a probabilidade é de 0,106 sendo maior que 0,05, ou seja, que: *H0 > 0,05*, portanto Ho não é rejeitada, indicando que não há diferença significativa entre os dois grupos.

Aprendizagem baseada em problemas Aquisição de conhecimentos, participação e categoria de criação de conhecimentos.

Ho: Não existe diferença significativa nos resultados produzidos pelas duas metodologias na aquisição, participação e criação-construção de conhecimento da Aprendizagem Baseada em Problemas.

H1: Se existe uma diferença significativa nos resultados produzidos pelas duas metodologias na aquisição, participação e criação-construção de conhecimento da Aprendizagem Baseada em Problemas.

Tabela 21. Testes de qui-quadrado para a categoria de ambientes virtuais de aprendizagem.

Tipo de ensaio	Valor	gl	Significância assintótica (bilateral)

Pós-quadrado Qui-	$47,956^c$		0,000
testePearson	61,567		0,000
Rácio de verosimilhança N	360		
Pré-testeQuadrado de	$14,057^d$		
Rácio de verosimilhança de	14,398		0,071
Pearson			0,062
N de casos válidos	360		

Fonte: elaboração própria.

A Tabela 21 mostra que, no pós-teste, obteve-se um resultado de qui-quadrado de 0,00, que é menor do que a probabilidade com que o SPSS trabalha que é de 0,05. Portanto, se *Ho < 0,05*, rejeita-se Ho e viabiliza-se H1, que enfatiza se há diferença significativa nos resultados produzidos pelas duas metodologias na aquisição, participação e criação-construção do conhecimento na Aprendizagem Baseada em Problemas.

No entanto, no pré-teste observa-se que o resultado do qui-quadrado 0,071 é superior à probabilidade SPSS de 0,05, pelo que se *Ho > 0,05* Ho não é rejeitada, ou seja, não existe diferença significativa nos resultados produzidos pelas duas metodologias na aquisição, participação e criação-construção de conhecimento da Aprendizagem Baseada em Problemas.

Categoria Aquisição, participação e criação - conhecimento de ferramentas digitais.

Declaração da hipótese (secundária)

Ho: Não existe diferença significativa nos resultados produzidos pelas duas metodologias na aquisição, participação e criação-construção de conhecimento das ferramentas digitais.

H1: Se existe uma diferença significativa nos resultados produzidos pelas duas metodologias na aquisição, participação e criação-construção de conhecimento das ferramentas digitais.

Tabela 22. Testes de qui-quadrado para a categoria de ambientes virtuais de aprendizagem.

Tipo de ensaio		Valor	gi	Significância assintótica (bilateral)
Pós-	Qui-quadrado de			
	testePearson			0,000
	Rácio de verosimilhança	$69,238^c$		0,000
	N de casos válidos	92,063 675		
Pré-testeQuadrado	de			
	Rácio de verosimilhança de	$7,948^d$		0,093
	Pearson N de casos válidos	8,011 675		0,091

Fonte: elaboração própria.

A Tabela 22 mostra que o resultado obtido para o qui-quadrado no pós-teste é de 0,00, o que é inferior a 0,05 (probabilidade com que o SPSS trabalha). Portanto, se *Ho < 0,05*, rejeita-se Ho, ou seja, aceita-se H1, o que indica que há diferença significativa nos resultados produzidos pelas duas metodologias na aquisição, participação e criação-construção do conhecimento de ferramentas digitais.

Por outro lado, no pré-teste há um resultado de 0,93 no qui-quadrado, que é maior que a probabilidade de 0,05, ou seja, *Ho > 0,05* e, portanto, Ho não é rejeitada. A partir daí não há diferença significativa nos resultados produzidos pelas duas metodologias na aquisição, participação e criação-construção do conhecimento das ferramentas digitais.

A testagem da hipótese nas Categorias Aquisição, participação e criação-construção do conhecimento em Ambientes Virtuais de Aprendizagem, Aprendizagem Baseada em Problemas e ferramentas digitais, permite-nos observar que existem diferenças significativas no modelo ABP-AVA em relação à metodologia tradicional VUAD. Em termos de construção do conhecimento, as medições iniciais (Pré-teste) versus as finais (Pós-teste), permitem-nos verificar a hipótese nos três cenários de análise.

2.2 Apresentação e resultados das qualificações finais

Os resultados das pontuações obtidas no grupo de controlo e no grupo experimental são apresentados a seguir.

A Tabela 23 mostra as notas médias do grupo experimental para cada uma das actividades apresentadas no desenvolvimento do espaço académico.

Tabela 23. Classificação média do grupo experimental.

	Média	Desvio padrão
Sensibilização e definição do problema	4,4	0.24
Fundamentação	4,3	0.47
Apresentação da hipótese	4.0	0.79
Fundamentação da hipótese	4.0	0.77
Geral	4,2	0.45

Fonte: elaboração própria.

Em Sensibilização e declaração do problema, foram avaliados os seguintes aspectos: leitura no momento da sensibilização, vamos iniciar o debate, fórum social, videoconferência e leitura da "declaração do problema". Na fundamentação, foram avaliados: revisão, análise, leitura do material de apoio, fórum, fundamentar o seu VPA e WIKI, as suas recomendações. Na apresentação da hipótese, foram avaliados: fórum "interagir com especialistas", videoconferência com especialistas, exploração de ferramentas digitais. Na apresentação da hipótese, foram avaliados: fórum "interagir com os especialistas", apresentação da solução do problema, vamos avaliar o que aprendemos, apresentação da APV.

As notas obtidas pelos alunos do grupo experimental são mais elevadas do que as obtidas no grupo de controlo. O desvio padrão também é baixo, indicando que a maioria dos alunos obteve notas próximas das médias.

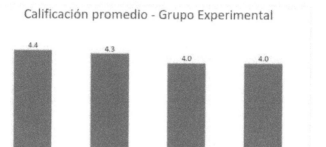

Calificación promedio - Grupo Experimental

| 4.4 | 4.3 | 4.0 | 4.0 |
| Sensibilización y planteamiento del problema | Fundamentación | Presentación de la hipótesis | Sustentación de la hipótesis |

Gráfico 32: Classificação média do grupo experimental.

Fonte: elaboração própria.

A Tabela 11 mostra as notas médias do grupo de controlo para cada uma das actividades apresentadas no desenvolvimento do espaço académico.

Tabela 24. Classificação média do grupo de controlo.

	Média	Desvio padrão
Momento 1	3,7	0,95
Momento 2	3,8	0,89
Momento 3	3,4	1,18
Geral	3,7	0,51

Fonte: elaboração própria.

As ferramentas utilizadas e avaliadas no Momento 1 foram: fórum social, fórum para iniciar o debate, mapa conceitual, entre outras. No Momento 2, foram utilizados e avaliados os seguintes instrumentos: fórum de modelos, quadro comparativo, proposta de VPA. No Momento 3, foram utilizados e avaliados: fórum vamos avaliar, primeira entrega. O gráfico 33 mostra médias baixas entre 3,4 e 3,8, o desvio padrão é alto, indicando dispersão nos dados em relação à média.

Calificación promedio - Grupo Control

| 3.7 | 3.8 | 3.4 |
| Momento 1 | Momento 2 | Momento 3 |

Fonte: elaboração própria.

2.3 Grupos de discussão

Os grupos de discussão foram conduzidos por um moderador, responsável por dirigir a sessão, um observador, que registou a linguagem não verbal significativa dos participantes, e um relator, que registou cuidadosamente os principais comentários durante a sessão.

A técnica foi aplicada a 23 alunos, dos diferentes graus de ensino da Faculdade de Educação da Vice-Reitoria da Universidade Aberta e a Distância, Universidade Santo Tomás, que estavam inscritos no campo de formação de Filosofia dos Ambientes Virtuais de Aprendizagem. Este campo corresponde ao espaço de aplicação do curso, desenhado com o Modelo ABP sobre AVA, distribuído em três grupos por categoria, respetivamente.

Tendo em conta o exposto, e reconhecidas as características da população estudantil na modalidade aberta e a distância, para além de realizarem os seus estudos superiores, desenvolvem também outras actividades laborais e familiares que não lhes permitem estar disponíveis presencialmente para o desenvolvimento dos seus estudos. Os grupos focais foram desenvolvidos em três sessões de aproximadamente uma hora e meia, com sete questões para os dois primeiros grupos e oito questões para o último grupo (tabela 19).

O grupo de discussão foi desenvolvido através de uma videoconferência utilizando o sistema *Adobe Connect*, onde foram apresentados o moderador, o relator e o observador, que, graças ao vídeo, puderam analisar e descrever a linguagem não verbal dos participantes, conseguindo realizar a técnica com todos os requisitos que esta exige.

Tabela 25. Participantes nos grupos de discussão.

CATEGORIAS DE ANÁLISE	DIPLOMA DE INFORMÁTICA EDUCATIVA	BACHARELATO EM EDUCAÇÃO PRÉ-ESCOLAR	LICENCIATURA EM LÍNGUA E LITERATURA ESPANHOLAS	BACHARELATO EM FILOSOFIA E EDUCAÇÃO RELIGIOSA	BACHARELATO EM BIOLOGIA COM ÊNFASE NA EDUCAÇÃO AMBIENTAL	BACHARELATO EM EDUCAÇÃO BÁSICA COM ÊNFASE EM CIÊNCIAS HUMANAS	BACHARELATO EM LÍNGUA ESTRANGEIRA: INGLÊS	Total
Aquisição, participação e criação/construção de Conhecimento dos **ambientes virtuais de aprendizagem**.		1	1	1	0	0		
Aquisição, participação e criação/construção de Conhecimento da **aprendizagem baseada em problemas.**	1	1	1	1	1	0		
Aquisição, participação e criação/construção de Conhecimento das **ferramentas digitais**	0	0	0	0			1	

Fonte: elaboração própria.

Para a análise da informação, foi tida em conta a metodologia proposta por Powell e Single (1996) e outros como Kitzinger (1995).

1. A informação foi categorizada através da revisão das transcrições das discussões,

utilizando as questões orientadoras como categorias iniciais. Estas informações foram reagrupadas de acordo com as respostas dadas e a intensidade com que foram expressas, a fim de facilitar a análise posterior.

2. A informação original foi analisada juntamente com a informação concetual transformada.

Do mesmo modo, Kitzinger (1995) propõe que se tenham em conta as opiniões individuais e o consenso alcançado pelo grupo; e partilha a proposta de Powell e Single (1996) na utilização de categorias para a classificação da informação fornecida pelos participantes. Quanto ao relatório, incluem-se alguns exemplos ilustrativos dos dados recolhidos nestes grupos.

A informação obtida através dos focus groups realizados com os alunos das diferentes licenciaturas da Faculdade de Educação, onde se desenvolveu o curso de Filosofia dos Ambientes Virtuais de Aprendizagem - curso que incluiu a conceção do modelo PBL em AVA - forneceu os inputs para a análise das três categorias propostas neste projeto de investigação: Aquisição, Participação e Criação/Construção de Conhecimento dos **Ambientes Virtuais de Aprendizagem.**

Para iniciar a análise da categoria Aquisição, Participação e Criação/Construção de Conhecimento dos Ambientes Virtuais de Aprendizagem, foram elaboradas sete questões abertas que permitiram discernir amplamente o tema no grupo focal. Estas questões foram classificadas de acordo com as subcategorias: Subcategoria aquisição duas questões, subcategoria participação três questões e para a subcategoria construção do conhecimento duas questões (Anexo A).

3. 1.1.1 Perguntas feitas aos estudantes

Perguntas Subcategoria: Aquisições

1. A utilização de plataformas virtuais de aprendizagem permite-lhe aprofundar outras matérias do seu curso?

2. É possível afirmar que a utilização adequada dos recursos da plataforma, como o acesso a outros sítios Web, vídeos, mapas conceptuais, facilita a aprendizagem de algumas das disciplinas do seu curso?

Perguntas Subcategoria: Participação

3. As diferentes tarefas apresentadas na sala de aula virtual VUAD convidam-no repetidamente a visitar os sítios propostos e a participar nas actividades?

4. A plataforma Moodle permite-lhe interagir diretamente com outros participantes?

5. A partilha de conceitos com os colegas é facilitada pela utilização de actividades da plataforma, como o diário, os fóruns, o chat e as wikis?

Perguntas Subcategoria Criação/Construção

6. Será que a dinâmica de um fórum na sala de aula virtual contribui para o esclarecimento de dúvidas, permitindo uma compreensão mais profunda de um determinado tema?

7. A utilização das actividades próprias da plataforma, tais como diários, fóruns, chat, wiki, ajudou-o a partilhar os seus conceitos com os seus pares?

Figura 34. Primeiro grupo de discussão.
Fonte: elaboração própria.

8. 1.2 Aquisição, participação e criação/construção de conhecimento da *aprendizagem baseada em problemas - PBL*

Continuando com a segunda categoria, são consideradas para análise posterior as mesmas subcategorias propostas no início do documento: são propostas duas questões para a subcategoria aquisição e participação; são propostas três questões para a subcategoria construção do conhecimento, num total de sete questões propostas no guião do grupo de discussão (Anexo B).

O grupo de questões colocadas aos alunos foi o seguinte:

Perguntas Subcategoria: Aquisições

1. A estratégia pedagógica Aprendizagem Baseada em Problemas contribui para o aprofundamento dos conceitos alcançados na sua área disciplinar?

2. O sucesso da solução do problema é colocado pela participação de especialistas como um recurso da estratégia pedagógica PBL?

Perguntas Subcategoria: Participação

3. A ABP como estratégia para o desenvolvimento de uma disciplina aumenta o seu interesse em relação a outras metodologias porque permite ao grupo de alunos confrontar-se com situações da sua vida enquanto profissionais?

4. Um dos recursos utilizados pela estratégia pedagógica PBL é a participação de peritos. Este facto contribui para o êxito da solução do problema colocado?

Perguntas Subcategoria: Criação/construção

5. A Aprendizagem Baseada em Problemas é uma estratégia pedagógica que permite ao aluno pôr em prática os conceitos adquiridos na resolução de uma situação problemática relacionada com a sua profissão?

6. Relativamente à expressão "A ABP na área da pedagogia representa um avanço na investigação do conhecimento aprendido e reforça o conhecimento que tem sido relegado para a prática", seria?

7. Os conceitos abordados no domínio de formação Filosofia dos Ambientes Virtuais

de Aprendizagem respondem às necessidades do seu domínio de trabalho?

Figura 35: Segundo grupo de discussão.

Fonte: elaboração própria.

Aquisição, participação e criação/construção de conhecimentos em ferramentas digitais.

Para a terceira e última categoria de análise, são propostas três questões para a subcategoria aquisição, e quatro questões para a subcategoria participação e construção de conhecimento, num total de onze questões colocadas no guião do grupo de discussão (Anexo C).

Perguntas Subcategoria: Aquisições

1. O blogue permite-nos dar a conhecer na Internet o nosso ponto de vista sobre um assunto?

2. As ferramentas digitais como suporte na construção de Ambientes Virtuais ajudam a tornar a mensagem que se pretende dar a conhecer mais atractiva para o espetador, através de animações, sons, hiperligações, entre outros?

3. As ferramentas da Web 2.0 permitem-nos organizar de forma simples e rápida as ideias e os conceitos que pretende dar a conhecer no seu espaço de formação, permitindo a quem interage compreender o objetivo do cenário?

Pergunta Subcategoria: Participação

4. A participação dos especialistas na sala de aula virtual convida a uma reflexão sobre o caso apresentado no início do curso e a possíveis discussões com os colegas?

5. Na sala de aula virtual, os espaços de comunicação como fóruns, diários, wikis, chat, utilizados por si e pelos seus colegas, são visitados de forma permanente porque aí encontra espaços de reflexão e de aprendizagem constante?

6. Encontra elementos no curso em sala de aula virtual que o convidam a aprofundar os conceitos e a aprender novos?

7. Vê a sala de aula virtual como um meio onde pode comunicar as suas expectativas e sugestões relativamente aos conceitos alcançados até agora?

Pergunta Subcategoria: criação/construção

8. A sala de aula virtual apresenta conceitos do seu nível académico e isso torna-a relevante para o desenvolvimento dos seus conhecimentos até agora alcançados na sua carreira?

9. Os mapas conceptuais ajudam a aprender melhor os conceitos e a organizá-los corretamente de modo a construir as suas próprias estruturas cognitivas?

10. As páginas Web, os vídeos e os mapas conceptuais, enquanto recursos da sala de aula virtual, facilitam a aprendizagem de determinadas matérias específicas da sua carreira?

11. As ferramentas da Web 2.0 permitem-lhe integrar os conhecimentos que está a adquirir noutras disciplinas para melhorar o seu desempenho pessoal e profissional?

Figura 36. Terceiro grupo de discussão.

Fonte: elaboração própria.

3. Intervenção de grupo de discussão

Apresenta-se de seguida a transcrição e tratamento das entrevistas realizadas a cada focus group, que foram trabalhadas em três espaços. Cada uma delas com questões previamente definidas, para cada categoria, é posteriormente efectuada uma breve análise da linguagem corporal discursiva, permitindo cotejar e reforçar a informação recolhida na abordagem quantitativa.

3.1.1 Grupo 1. Aquisição, participação e criação/construção de conhecimento em ambientes virtuais de aprendizagem.

Andrea, Dora, Iván, Edna, Elsy, Ingrid, Alfredo e Jessica Boa noite. Muito obrigado, colegas. Antes de mais, obrigado por terem aceite o convite. Disse-vos nos e-mails que é muito importante este espaço de socialização, que é realmente muito curto e que serve simplesmente para reunir as experiências em torno do trabalho com o campo da formação em filosofia em ambientes virtuais de aprendizagem. Eu disse-vos num email que a intenção do trabalho de hoje é narrar um pouco da experiência que adquirimos com o trabalho que temos feito neste campo da formação. Uma espécie de conversa que nos permite identificar o potencial da plataforma e que nos permite também, porque não, ouvirmo-nos uns aos outros sobre algumas das preocupações que tínhamos, sobre algumas das possibilidades que esta nova opção e esta nova plataforma podem ter. Trata-se de uma discussão alargada, é por isso que a estamos a convocar, e queremos fazê-la em pequenos grupos para podermos aproveitar ao máximo o espaço.

Se quiserem, vou atuar como facilitador, preparei algumas perguntas que vamos trabalhar nos próximos minutos, e todos terão uma breve oportunidade, porque a ideia é que aqueles que estão aqui hoje participem e narrem a sua experiência. Por isso, se quiserem utilizar esta ferramenta, por favor activem a vossa câmara, espero que já tenham conseguido trabalhar com ela, testem-na e comecem com a primeira pergunta.

A primeira pergunta é: Pode afirmar que a utilização adequada dos recursos da plataforma, como o acesso a outras páginas Web, vídeos, mapas conceptuais, facilita a aprendizagem de algumas das disciplinas do seu curso?

Como podem ver, as perguntas permitem uma reflexão simples sobre o trabalho e a experiência vivida. Então, Dora, se quiser, vou ativar o vídeo, e agora Andrea tem a possibilidade de partilhar a sua webcam connosco no centro superior do seu ecrã para

por favor comece por esta primeira pergunta. (Professora, 2016, 7 de junho, entrevista virtual).[10]

Boa noite pessoal, professor. Achei muito importante a plataforma interactiva onde nos deram os exemplos onde estavam as páginas do Blogger Wix, pois havia uma introdução desses temas, dos recursos que poderíamos utilizar para resolver a questão colocada pelo professor, foi muito útil. Não participei nas palestras com os especialistas, mas o material que deixaram na plataforma estava bem contextualizado, a informação era clara. Se era necessário tempo para estudar cada programa e qual deles era o mais fácil de manusear. A ajuda do professor e com os colegas partilhámos informação, mas a estratégia da plataforma interactiva e os materiais e actividades para mim foram muito úteis, fáceis de manusear e não tive problemas com eles. (Dora, 2016, 7 de junho, entrevista virtual).

Estava a explorar todas as ferramentas que o professor nos forneceu. No início, foi difícil aceitar esta nova plataforma que nos deu, porque estávamos a trabalhar com a outra plataforma e já estávamos a trabalhar com ela em todos os cursos, por isso foi um pouco difícil começar a trabalhar com uma nova, mas pouco a pouco fui-me familiarizando com a plataforma. No início era uma grande confusão, mas depois as ferramentas que nos deram e tudo. Aprendi muitas coisas que não fazia ideia que existiam. Foi ótimo, a verdade é que há muitos programas de que às vezes precisamos e nem sequer sabemos que existem.

Então eu achei muito legal, foi uma estratégia muito boa porque ajuda a gente depois em outros cursos ou quando a gente for professor, eu achei ótimo, além da atenção que a Sumercé dava pra gente, bem pra mim porque eu ficava muito chateada porque eu não entendia muita coisa. Eu gostei porque também foi como uma comunicação rápida, então eu disse que o importante é que o professor é atencioso e sempre me respondeu rapidamente.

Gostaria de agradecer também a professora por estar sempre ao meu lado. Aprendi muitas coisas, graças a Deus consegui trabalhar em várias coisas e foi uma experiência muito legal. (Jessika, 2016, 7 de junho, entrevista virtual).

Como estávamos a falar com o professor Caros Pinilla e com o professor que é especialista em ferramentas digitais, eu já tinha algum pré-conhecimento sobre elas, por isso a parte mais enriquecedora foi ser capaz de combinar todas estas ferramentas para construir este objeto de aprendizagem. Eu tinha trabalhado um pouco com o Prezi, um pouco com o blogue, separadamente para diferentes actividades, mas nunca as tinha alinhado para gerar um produto que me permitisse gerar conhecimento. (José, 2016, 7 de junho, entrevista virtual).

Os elementos que mais me marcaram no momento da criação do sítio web, é necessário continuar a investigar sobre diferentes ferramentas para o realizar. Também implementar novos conceitos para fazer a página como o que foi o link que ajudou no momento da criação do VPA. (Iván, 2016, 7 de junho, entrevista virtual)

Bom, o que mais me impactou nessa plataforma é que ela é mais organizada, também me impactou a interação que se tem com os professores ou com o tutor, com os colegas nos fóruns é algo muito bom, a interação com os tutores me impactou demais porque no meu caso eu nunca tinha usado. (Nathaly, 2016, 7 de junho, entrevista virtual).

Olá, eu acho que foi uma boa metodologia com uma estratégia diferente da que tivemos

---

[10] Para identificar o participante, este é definido com o seguinte código: Nome próprio do participante, data da entrevista, modelo da entrevista.

nos outros semestres, com bons recursos como as palestras e os recursos que eles nos deram, também porque a aprendizagem foi muito bem orientada pelo professor, então eu acho que foi muito bom e diferente. (Ingrid, 2016, 7 de junho, entrevista virtual).

Obrigado Ingrid, a próxima pergunta refere-se às plataformas virtuais de aprendizagem, a utilização destas plataformas permite-lhe aprofundar outras matérias no âmbito da sua carreira? (Professora, 2016, 7 de junho, entrevista virtual).

Bem, como tenho uma licenciatura em informática educativa, pareceu-me muito importante que neste espaço víssemos como planear um ambiente virtual de aprendizagem não só do ponto de vista tecnológico, mas também do ponto de vista pedagógico e didático. Pensamos que só pelo facto de termos as ferramentas vamos formar um ambiente educativo eficaz, para isso temos de ter uma boa abordagem e ter claro que as ferramentas não são a educação mas são um meio para a conseguir (Andrea, 7/06/2016, entrevista virtual). (Andrea, 7/06/2016, entrevista virtual)

Ingrid: Penso que a intervenção dos peritos também foi essencial para criar a APV. Pessoalmente, não pude assistir a nenhuma das videoconferências, mas vi os vídeos, vi muitos vídeos e isso ajudou-me a dar-lhes a conhecer as minhas preocupações e eles ajudaram-me muito (Ingrid, 7/06/2016, entrevista virtual). (Ingrid, 7/06/2016, entrevista virtual).

É muito importante porque os especialistas esclarecem as nossas dúvidas e ajudam-nos a criar a APV. Por isso, alguns deles disseram que a apresentação... ou seja, diferentes casos onde aplicar cada coisa e eu acho muito interessante que os especialistas falem connosco sobre diferentes tópicos, nos dêem ideias e dicas porque até agora somos estudantes e não as conhecemos todas.

Fiquei muito grata pelo que os especialistas nos disseram, pois esclareci muitas dúvidas e isso me ajudou no desenvolvimento da minha APV. (Nathaly, 2016, 7 de junho, entrevista virtual)

Obrigado Nathaly, a pergunta seguinte refere-se à plataforma Moodle, acha que permite interagir diretamente com outros participantes? (Professora, 2016, 7 de junho, entrevista virtual).

Acho que é muito bom porque estávamos habituados à plataforma habitual e quando o professor nos deu a notícia da plataforma interactiva ficámos tipo (meu Deus e agora) mas depois da primeira aula o professor foi uma grande ajuda e resolveu muitas dúvidas. É muito fixe, muito interactiva, e deviam até aplicá-la dentro das outras disciplinas para aprendermos mais sobre elas, ou implementar mais plataformas interactivas com designs diferentes, para que quando nos depararmos com outra área ou disciplina possamos aplicar esses conhecimentos e esses exemplos que o professor e os outros professores nos apresentam. (Dora, 7/06/2016, entrevista virtual).

Esta estratégia é completamente diferente das ferramentas tradicionais da Web 2.0. Permitem-nos interagir de forma eficaz, dinâmica e acho que é uma boa parte deste tema. (José, 2016, 7 de junho, entrevista virtual).

Bom, a pergunta seguinte é: A partilha de conceitos com os colegas é facilitada com a utilização das actividades próprias da plataforma como a agenda, os fóruns, o chat e as wikis, ou seja, com outros colegas da mesma área, entendendo que a nossa área de trabalho é a filosofia dos ambientes virtuais de aprendizagem mas que outras áreas de formação estavam ligadas através de especialistas, qual é a sua opinião? (Professora, 2016, 7 de junho, entrevista virtual)

Bem, Professor, eu diria que, do meu ponto de vista, foi uma grande ajuda. Assisti a duas videoconferências porque a outra foi adiada, pelo que não pude assistir a essa. Mas foi sem dúvida uma grande ajuda porque me esclareceram muitas dúvidas. Por exemplo, eu não sabia em que programa é que ia fazer a APV ou que ferramentas, por isso, o facto de terem implementado esta ferramenta para nós foi ótimo porque conseguimos resolver dúvidas, conseguimos fazer a APV, ficou totalmente claro para mim. Em relação ao que o professor de pedagogia disse, também foi bom porque nos disse - bem, têm de fazer tal e tal coisa para que fique bem, e isto são coisas que ajudam muito, nem sempre a monotonia do professor, porque também é bom que outras pessoas ajudem e ter uma melhor ligação com elas e uma boa comunicação para que num determinado momento em que precisem de ajuda, saibam com quem podem contar.

Achei que foi uma experiência muito boa ter partilhado com eles e eles terem partilhado as suas experiências connosco (Jessika, 2016, 7 de junho, entrevista virtual).

Bem, Professor, achei a participação dos especialistas bastante interessante, retomo o que estava a dizer sobre poder juntar todo o conhecimento solto que tinha e alinhá-lo de forma a ter um único produto. Devido a limitações de tempo, só assisti a duas conferências com o professor Carlos e com o professor de ferramentas digitais, mas achei-as muito produtivas, chamaram-me muito a atenção por aquilo que vos disse. Por causa da articulação de todas essas ferramentas que a web 2.0 nos oferece.

Terei de retomar as conferências com os especialistas numa determinada altura, para meu próprio conhecimento. A conferência com o perito em ferramentas digitais pareceu-me muito limitada, demasiado pouco tempo, pois é um tema muito vasto para ser tratado numa hora e meia. Ela deu-nos algumas ideias muito interessantes, mas era necessário mais tempo para gerar um VPA. Não quero aqui criticar nem satirizar ninguém, mas olhando para este tema, diria que o tema dos ambientes virtuais um e dos ambientes virtuais dois, como estudante de filosofia e de ensino religioso nestas disciplinas, com estas "pintas", não foi aproveitado. É preciso fazer uma introdução e uma introdução forte para que quando se chega em disciplinas como essas se tenha todo esse conhecimento. (José, 2016, 7 de junho, entrevista virtual).

José, muito obrigado. Passemos à questão seguinte: a utilização de atividades próprias da plataforma, como diários, fóruns, chat, wiki, ajudou-o a partilhar os seus conceitos com os seus colegas de turma? Vamos dar lugar à Jessika (Professora, 2016, 7 de junho, entrevista virtual).

Bem, a verdade é que eu não conhecia muitas das ferramentas de que o professor nos falou, embora as tivesse visto, não as conhecia. Aprendi muito, porque para poder trabalhar na APV tive de procurar e pesquisar cada uma delas para as poder utilizar, porque não é fácil utilizar algo que não se tenha utilizado antes, por isso tive de pesquisar as que utilizei, eram muitas, mas mesmo assim utilizei algumas, as que achei mais fáceis, porque havia algumas que eram mais complicadas.

Ganhei conhecimentos, apercebi-me de que existem várias ferramentas para criar programas e gerá-los foi muito bom porque, como disse, não sabia. Graças a isso, tive de continuar a pesquisar porque os conceitos foram rápidos e consegui aplicá-los. Não custa nada fazer uma pesquisa mais aprofundada sobre cada um deles para poder desenvolver um trabalho muito melhor se puder (José, 2016, 7 de junho, entrevista virtual).

Muito obrigado Jéssica. Vamos começar com uma pergunta: As dinâmicas levantadas dentro de um fórum na sala de aula virtual contribuem para o esclarecimento de dúvidas, permitindo uma compreensão mais profunda de um determinado tema? (Professora, 2016, 7 de junho, entrevista virtual).

Bem, boa noite. A minha área de formação facilita-me porque trabalho na internet, por isso os conhecimentos que adquiri ajudaram-me muito, tal como o design do site, pois não tive muita dificuldade em manuseá-lo porque no meu trabalho já tinha feito páginas. Também foi importante ter a ajuda dos meus colegas de turma para esclarecer dúvidas. Algo que achei muito útil foram os tutoriais. Estou em Chiquinquirá e a universidade não nos forneceu ou não nos deu um professor para explicar mais. Da mesma forma, com as palestras dadas pelos especialistas, os meus colegas dizem-me que as palestras foram eficazes, foram uma grande ajuda e conseguiram realizar o VPA. (Dora, 2016, 7 de junho, entrevista virtual).

Bem, a aprendizagem baseada em problemas permite-nos continuar a construir mais aprendizagem. Como disse um colega, quando temos uma aprendizagem prática, uma aprendizagem reflexiva, podemos apropriar-nos mais facilmente do conhecimento. Eu acho que essa tem sido uma das vantagens da ABP. (José, 2016, 7 de junho, entrevista virtual).

Muito obrigado, José. Passemos a outra questão: brevemente, pode dizer-me o que pensa sobre a intervenção de especialistas no processo de formação? Estou a falar de especialistas em pedagogia, especialistas em APV, especialistas em ferramentas comunicativas, especialistas na área da linguística, não ter não só um professor mas vários. (Professora, 2016, 7 de junho, entrevista virtual).

Com eles, podemos fazer um esboço do que queremos alcançar e as opiniões sobre o design, a redação e as opiniões dos especialistas são de grande ajuda. Além disso, todas as opiniões devem ser recebidas de uma forma agradável e grata, porque nos estão a ajudar. Permitir que outras pessoas nos ensinem e nos expliquem outras coisas ajuda-nos a ir mais fundo (Dora, 2016, 7 de junho, entrevista online).

Bem pessoal, vamos a esta pergunta: O desenvolvimento das diferentes tarefas apresentadas na sala de aula virtual do VUAD convidam-no repetidamente a visitar os sítios propostos e a participar nas actividades? (Professora, 2016, 7 de junho, entrevista virtual).

Bem, eu acho que toda a versatilidade que a web 2.0 nos oferece para gerar conhecimento, para nos tornar participantes desse conhecimento, a interação que podemos gerar de forma síncrona ajuda-nos a ter processos de formação muito mais agradáveis, mais interessantes para os alunos, uma vez que estamos a utilizar toda esta parte tecnológica que eles adoram. Então, estando num espaço que eles adoram, que eles gostam, a gente consegue fazer com que eles se apropriem mais desse conhecimento e fazer com que eles mesmos o construam. (José, 2016, 7 de junho, entrevista virtual).

A ABP é muito importante e os alunos podem até ter espaço para dar a sua opinião sobre o tema que está a ser discutido. Além disso, ao aplicar as ideias, devem sempre certificar-se de que se aplicam à realidade e que não se trata de uma fantasia ou de uma ilusão, para que os alunos possam praticá-las, partilhá-las com os colegas e também aplicá-las à sua vida e profissão. Para o trabalho também devemos ter em conta os passos para desenvolver esses problemas (Dora, 2016, 7 de junho, entrevista virtual).

O que eu penso sobre a ABP é que faz com que o aluno adquira competências para que seja capaz de se destacar em qualquer problema que surja. Faz com que o aluno leia, investigue, pesquise para chegar a uma solução; através de uma plataforma virtual é possível fazer isso. Assim, a tecnologia permite alcançar um conhecimento ilimitado e encontrar uma solução para uma situação que possa surgir. É uma ferramenta muito valiosa para os alunos (Iván, 2016, 7 de junho, entrevista virtual).

A ABP é importante porque, basicamente, as crianças que utilizam esta estratégia têm uma aprendizagem crítica e isto pode ser implementado em diferentes disciplinas. Além disso, nas salas de aula virtuais, nós, enquanto professores, podemos criar situações lúdicas para que eles possam interagir (Nathaly, 2016, 7 de junho, entrevista virtual).

Bem, parece-me que esta abordagem faz parte da pedagogia, uma vez que se baseia no construtivismo e é uma possibilidade para o aluno ser proactivo durante a sua aprendizagem. Também enfrentando situações da vida real, e isso é muito significativo. (Andrea, 2016, 7 de junho, entrevista virtual).

Muito obrigado, Andrea. Bem, pessoal, estes últimos minutos para vos agradecer o espaço, já nos alongámos um pouco. Mas antes de terminarmos, quero agradecer-vos imenso por terem assistido a este debate, por se terem ligado de uma forma muito espontânea para vos poderem ouvir e também para poderem sentir que puderam experimentar este novo ambiente virtual.

Acreditem que, para mim, enquanto professor-investigador, me permitirá ter outras posições e outros cenários de trabalho em que possa alimentar este ambiente e, como alguns de vós disseram, ter abordagens muito mais consolidadas de aprendizagem e de ensino que são ainda mais sólidas graças a estas afirmações que me puderam dar. E, por fim, gostaria de dizer que espero que possamos nos encontrar em outro espaço de formação, como vocês já mencionaram, em propostas mais inovadoras a partir desses depoimentos e de todas as aprendizagens que eu, como professor, pude aprender com cada um de vocês (Professor, 2016, 7 de junho, entrevista virtual). (Professor, 2016, 7 de junho, entrevista virtual).

Tabela 26. Linguagem corporal/linguagem verbal, categoria: Aquisição, Participação e Criação de conhecimento/construção de ambientes virtuais de aprendizagem.

CATEGORIA POR GRUPO DE DISCUSSÃO	SUBCATEGORIA	LINGUAGEM CORPORAL/VERBAL
		No início da sessão, os alunos mostram gestos e olhares de interesse e preocupação; por um lado, mostram-se ansiosos com o início do grupo de discussão e, por outro, estão preocupados com o facto de as suas ferramentas de áudio e vídeo funcionarem corretamente. Quando o moderador faz a pergunta, os alunos mantêm o silêncio e a discussão começa com sorrisos e um
	Aquisições	mudança na postura corporal, da rigidez à flexibilidade dos ombros e das costas. No desenvolvimento de todas as questões, a utilização de tons efusivos e vigorosos foi uma constante nos seus discursos. Não foram evasivos e muitos elogios foram feitos em expressões como "genial" e "muy chévere".
	Participação	No desenvolvimento das questões desta categoria, evidenciam-se alguns gestos de riso, posturas de conforto e gestos maliciosos, tal como nas questões anteriores, proferindo discursos de aceitação e com tons precisos no que está a ser dito.
	Criação/construção	No que diz respeito às perguntas desta categoria, foram demonstrados gestos de orgulho e satisfação em relação às duas categorias anteriores, as feições não eram apenas alegres mas com um franzir de testa de alguns dos participantes, embora as posturas dos corpos fossem posturas de tranquilidade, nestas havia movimentos diante do estar atento às perguntas e respostas dos outros companheiros, afirmações eram demonstradas com a cabeça quando ouviam um companheiro e o espanto era mínimo.

Fonte: elaboração própria.

Grupo 2. Aquisição, participação e criação/construção de conhecimentos na aprendizagem baseada em problemas.

Boa noite a todos os presentes, gostaria de vos agradecer por participarem nesta conferência onde vamos falar um pouco sobre o processo levado a cabo no campo da formação em filosofia em ambientes virtuais. Vou começar pela Kimberhly. A pergunta é: Um dos recursos utilizados pela estratégia pedagógica PBL é a participação de especialistas, isso contribui para o sucesso na solução do problema colocado? (Professora, 2016, 8 de junho, entrevista virtual).

Boa noite a todos. Para mim, foi muito agradável, a plataforma tem muitas cores e é muito atractiva, as transições de parte para parte. Por isso, penso que a plataforma é muito atractiva, incentiva-nos a fazer mais pesquisas e a procurar mais. Também gostei das videoconferências, embora não tenha podido participar em muitas delas, foi muito interessante ter a participação dos especialistas, ter mais apoio porque nos enviaram muitos e-mails, foram muito atenciosos, disseram-nos sempre para enviar todas as actividades. Tudo foi muito interessante nesta plataforma. Para além da criação do AVA e de todas as ferramentas que nos deram (Kimberhly, 2016, 8 de junho, entrevista virtual).

Bem, na minha opinião, o professor tem estado muito atento ao processo, às actividades. É uma plataforma muito boa porque nos fornece os conhecimentos de que vamos precisar durante o curso para podermos estruturar os problemas que aprendemos com base nestes instrumentos ou APV. No que diz respeito à APV, é uma estratégia muito boa porque aí se aprende a fornecer e a apoiá-los com instrumentos que são muito estratégicos para a implementação de estratégias para as crianças. Há também outras actividades para os jovens que estão em processo de desenvolvimento (Laura, 8/06/2016, entrevista virtual).

Boa noite a todos. Na minha opinião, no século XXI, a tecnologia é algo que engloba todas as áreas e dentro delas, em grande parte, a área da educação. Para os futuros professores ou para aqueles de nós que já são professores e estão a estudar, a tecnologia está neste momento a tornar-se uma porta de entrada para a educação e é uma forma muito boa e muito fixe de chegar à criança ou à criança ou ao jovem através destas APVs, desta metodologia da pergunta problema. Fiquei muito impressionado com a criação da plataforma, com a criação de todas as setas, dos ícones e das imagens que deram uma vida única a cada tema que estava a ser tratado. Em si, foi como explorar mais e ganhar aquela sensação de estar actualizada com a tecnologia e através dela estar também actualizada com a educação das crianças e dos jovens. (Lina, 2016, 8 de junho, entrevista virtual).

Boa noite. Pessoalmente, deu-me a oportunidade de resolver o problema levantado e, ao mesmo tempo, de resolver outros que nos afectam muito a nós, professores. Tem também todas as ferramentas tecnológicas que aprendi a utilizar porque sei que as posso utilizar mais tarde. O que aprendi aqui é realmente muito enriquecedor para mim porque me vai ajudar no futuro não só como professora mas também como mãe e como pessoa. Gostei de tudo. No início senti-me perdida mas foi tudo muito enriquecedor (Margot, 2016, 8 de junho, entrevista virtual).

Muito obrigado, Margot. Vamos passar à próxima questão e tem a ver com isso, com algumas expressões que já me tinham sido indicadas. A solução bem-sucedida do problema colocado é a participação de especialistas como recurso da estratégia pedagógica PBL? (Professora, 2016, 8 de junho, entrevista virtual).

Considerei as opiniões dos peritos muito importantes porque nos deram muitos contributos. Durante a visita, explicaram-nos os seus métodos, a aplicação do APV e as diferentes ferramentas a utilizar. Também foi importante para mim porque nos falaram das suas experiências que poderiam acontecer mais tarde e o que fazer nesse caso. Os especialistas também contribuem com muitas coisas que são úteis durante a formação e o curso. (Laura, 2016, 8 de junho, entrevista virtual).

Do meu ponto de vista, eu acho isso muito legal, porque ter tantos professores também permite que a gente tenha vários pontos de vista e assim formar um ponto de vista crítico e muito forte, um ponto de vista que junta tudo o que a gente viu na educação e não só focar na tecnologia. Essa união é muito dinâmica e muito perfeita (Johanna, 2016, 8 de junho, entrevista virtual).

Achei muito interessante porque a ideia não é só sentar e ditar um tema, é preciso complementá-lo e com os especialistas conseguimos complementar esses temas. Por isso, acho que foi muito importante, inovador, agradável, foi muito cómodo ter tantas pessoas para comunicar as nossas dúvidas, para nos orientar no processo de criação do nosso VPA. Aliás, agradeço a você, professor, por nos dar a oportunidade de ter especialistas nesses temas. (Kimberhly, 2016, 8 de junho, entrevista virtual).

Penso que foi muito interessante porque foi um processo muito abrangente. Não só deram apoio sobre a APV, as ferramentas tecnológicas, como também se centraram na linguística, na importância de saber escrever e, ao mesmo tempo, saber falar quando se vai apresentar o trabalho, não só o que se faz, mas também como se apresenta. E também sobre a apresentação, porque no dia da conferência eu pessoalmente nunca tinha falado sobre isso, as cores, as roupas, não se deve usar roupas muito chamativas porque distraem o público. Pessoalmente, gostei muito porque foi um complemento. Como eu disse antes, toda a aprendizagem fica para o futuro, embora neste momento estejamos a apresentar isto virtualmente, é muito útil para mim porque sei que vou ter mais convívio e estas dicas foram muito úteis (Margot, 2016, 8 de junho, entrevista virtual). (Margot, 2016, 8 de junho, entrevista virtual).

Muito obrigado, Margot. A pergunta seguinte refere-se à metodologia de aprendizagem baseada em problemas, o PBL como estratégia para o desenvolvimento de uma disciplina aumenta o interesse deles em relação a outras metodologias, pois permite que o grupo de alunos enfrente situações da sua vida como profissional? (Professora, 2016, 8 de junho, entrevista virtual).

É uma metodologia que me chama muito a atenção, porque nós como professores devemos sempre buscar formas de o aluno sair na frente do problema e não decorar uma teoria e depois ficar parado, mas usar essa metodologia para resolver aqueles problemas que surgem, sejam eles pessoais, profissionais ou de qualquer natureza. Através dessas disciplinas e desse semestre que a gente realiza essa estratégia de aprendizagem baseada em problemas, a gente como professor também aprende a buscar essa capacitação e essas possíveis aplicações dessa aprendizagem ou dessa metodologia (Lina, 2016, 8 de junho, entrevista virtual). (Lina, 2016, 8 de junho, entrevista virtual).

A verdade é que eu não estou muito familiarizada com a aprendizagem baseada em problemas, nunca a utilizei antes, este é o primeiro semestre que a utilizo, mas acho que é boa porque em vez de pôr os alunos a repetir uma teoria, como a Lina disse, põe-nos a resolver problemas num contexto real. Então eu acho que é uma boa estratégia para ensinar os alunos e até para os professores. (Leidy, 2016, 8 de junho, entrevista virtual).

Muito obrigado Leydi. A seguinte pergunta: Os conceitos abordados no campo de formação Filosofia dos Ambientes Virtuais de Aprendizagem atendem às necessidades do seu campo de trabalho? (Professora, 2016, 8 de junho, entrevista virtual).

É uma base que temos de pôr em prática para resolver os problemas reais com que nos deparamos todos os dias dentro e fora da sala de aula. É uma realidade que temos que resolver com estratégias que visam integrar e interagir com as crianças, para não estarmos sempre a reprendê-las (Laura, 2016, 8 de junho, entrevista virtual).

Achei interessante porque é uma nova forma de aprender mas resolvemos problemas, não nos limitamos a memorizar o conteúdo das coisas para resolver o problema e ao mesmo tempo resolver outros problemas. Como a Kimberhly disse, no início sentimo-nos perdidos, mas é um método muito interessante (Margot, 2016, 8 de junho, entrevista virtual).

Para mim a participação nos fóruns foi muito importante porque eu sempre tive muitas dúvidas de como gerir o PBA e a criação do VPA, então eu acho que os fóruns foram muito bons e eu pude interagir com vocês e com os meus colegas. (Kimberhly, 2016, 8 de junho, entrevista virtual).

As contribuições que todos eles nos deram foram muito importantes para a construção da APV, porque através dos mapas que eles fizeram, eles nos permitiram ver que através de todas as videoconferências, de todos os guias, os parâmetros nos permitiram alinhar mais e tirar muitas dúvidas para realizar a APV e realmente definir como era a solução para o problema que foi levantado na APV. (Lina, 2016, 8 de junho, entrevista virtual).

Em tudo o que tem a ver com a abordagem do problema e o conhecimento das ferramentas, a forma como o ia propor e como o tornar adequado. Ajudaram-me principalmente com as ferramentas tecnológicas, mas também com a parte pedagógica, para ver como o fazer. Deste ponto de vista, os fóruns foram muito úteis (Leidy, 2016, 8 de junho, entrevista virtual).

Acho que foram estratégias muito importantes e interessantes porque nos deram ferramentas e elementos para a solução da APV. Também foi importante ter orientações diferentes para a solução da APV que cada um de nós tinha (Laura, 2016, 8 de junho, entrevista virtual).

Acho que isso nos ajudou a partilhar os nossos conhecimentos com os tutores e com os outros colegas, porque foi de grande importância porque eles eram especialistas, por isso davam-nos guias e ajudavam-nos a dar ideias e a fazer perguntas sobre o que não sabíamos (Lenine, 2016, 8 de junho, entrevista virtual).

Bom, pessoal... Vocês vão me dizer resumidamente, a aprendizagem baseada em problemas é uma estratégia pedagógica que permite ao aluno colocar em prática os conceitos alcançados na solução de uma situação problema relacionada à sua profissão? (Professora, 2016, 8 de junho, entrevista virtual).

Todo o conhecimento ou aprendizagem que eu adquiria eu aplicava-o primeiro mostrando interesse pelo processo dos meus alunos, segundo procurando de alguma forma integrar várias pessoas no processo de aprendizagem e terceiro implementando o Hava na sala de aula. (José, 2016, 8 de junho, entrevista virtual).

Eu acho que em primeiro lugar, o que eu aprendi sobre o Hava eu acho que uma das formas de colocar em prática o que eu aprendi é continuar porque independentemente do que eu fiz, a ideia com o aluno é integrar esses espaços e ir para outros lugares e procurar esses elementos que não se encontram na plataforma. Fora isso, eu acho que tudo o que eu aprendi é útil não só para o virtual, pois foi uma aprendizagem integral, profissional e é isso que eu vou tentar colocar em prática pessoalmente e virtualmente (Margot, 2016, 8 de junho, entrevista virtual). (Margot, 2016, 8 de junho, entrevista virtual).

Muito obrigado, Margot. Vamos continuar com a seguinte questão Concorda com a expressão "A PBL na área da pedagogia representa um avanço na indagação sobre os conhecimentos aprendidos e reforça aqueles que foram relegados à prática" (Professora, 2016, 8 de junho, entrevista virtual)? (Professora, 2016, 8 de junho, entrevista virtual).

Penso que uma das coisas mais impressionantes sobre as tiques é o facto de poderem ser aplicadas em todas as disciplinas e em todas as idades, por isso penso que para os futuros professores é bom ter este conhecimento para as implementar no nosso trabalho, Por exemplo, como estou a fazer o meu trabalho em inglês, é muito fixe que este tipo de plataforma me permita colocar áudio, jogos, documentos Word, vídeos, e tudo isto numa única plataforma ou página e, desta forma, pode ser levado a crianças e jovens e focá-los na utilização mais educativa da tecnologia e na utilização do ensino e da aprendizagem. Deve ser uma ligação entre o aluno e o professor como estamos a fazer neste momento. (Lina, 2016, 8 de junho, entrevista virtual).

Em primeiro lugar, acho que é importante utilizar diferentes estratégias para realizar as actividades para as crianças, para que elas se sintam livres e possam interagir utilizando todas as TIC, o que é uma boa estratégia para fortalecer o conhecimento das diferentes crianças e não estar sempre num livro e copiá-lo, mas fazer estratégias dinâmicas para que elas possam desenvolver a sua educação e possam responder dinamicamente a tudo o que as rodeia. Que ele tenha bases para responder à questão que lhe é colocada (Johanna, 2016, 8 de junho, entrevista virtual).

Bom, como profissional da área de informática com formação nessa área, eu poderia utilizar os ambientes virtuais de aprendizagem como uma ferramenta para ensinar meus alunos sobre diferentes assuntos, não precisa ser simplesmente baseado em tecnologia, mas também poderia mostrar vídeos educativos de diferentes aulas onde é apresentado não só o campo da informática, que no meu caso é ensinar sobre vírus, mas também sobre tics, que atualmente está sendo muito utilizado. Essa ferramenta é muito dinâmica e dá para interagir com diferentes assuntos (Lenine, 2016, 8 de junho, entrevista virtual).

Muito obrigado Lenine. Bom, pessoal, também de uma forma muito breve, indiquem se a estratégia pedagógica Aprendizagem Baseada em Problemas contribui para o aprofundamento dos conceitos alcançados na vossa área disciplinar (Professor, 2016, 8 de junho, entrevista virtual).

Penso que sim, porque são estratégias que nos podem ajudar a resolver problemas durante o curso de formação dentro e fora da sala de aula, principalmente com base no facto de termos de interagir com as diferentes ferramentas que lhes podemos fornecer para resolver problemas. (Laura, 2016, 8 de junho, entrevista virtual).

Claro, porque é quando se tem de resolver um problema que se aprende mais. Como é que essa solução vai ser dada, temos de aprender a teoria, a prática para a levar à realidade e dar soluções. Isto é positivo e ensina-nos a resolver problemas reais. Como eu estava a dizer, a abordagem que me deu foi útil para dar uma solução teórica, por agora, ao problema da experiência integral. Portanto, ensina-nos muito, além de que nos apercebemos que quando estamos numa situação difícil é quando mais aprendemos, porque temos de encontrar uma solução e ser capazes de a levar para a realidade. (Margot, 2016, 8 de junho, entrevista virtual).

Penso que esse é o principal objetivo de uma ABP, resolver problemas num contexto real. Por isso, penso que pode definitivamente ser colocado num contexto para resolver problemas no local de trabalho. (Kimberhly, 2016, 8 de junho, entrevista virtual).

Penso que a aprendizagem baseada em problemas é uma boa estratégia educativa que podemos utilizar como futuros professores, porque cada pessoa tem experiências diferentes, pelo que seria importante que cada pessoa adquirisse conhecimentos com base nas suas experiências de vida pessoais, nos seus diferentes problemas no seu ambiente, bem, em vários aspectos da vida quotidiana. Então eu acho que é uma boa estratégia para resolver problemas, adquirir novos conhecimentos, contextualizar, desenvolver e dar uma solução para um problema, já que cada um tem experiências baseadas no seu ambiente, então cada caso seria diferente. (Lenine, 2016, 8 de junho, entrevista virtual).

Tabela 27. Linguagem corporal/linguagem verbal, categoria: Aquisição, Participação e Criação/construção de conhecimentos a partir da aprendizagem baseada em problemas.

	Aquisições	Tal como no primeiro grupo de discussão, tendo em conta que são participantes diferentes, observam-se gestos de ansiedade, franzem o sobrolho mostrando preocupação, quando o professor faz a pergunta, a maioria dos alunos mostra um grande interesse em participar na sessão, observa-se como baixam a cabeça e olham para o teclado dos seus computadores, Ao contrário do grupo anterior, verifica-se que o grupo de alunos é mais ativo, pois tomou a iniciativa de dar as suas respostas e não esperou que o professor-moderador desse a palavra..
Aquisição de aprendizagem, participação e criação/construção de conhecimentos Baseado em problemas		Quando começam as respostas, a maioria dos alunos acena com a cabeça em sinal de sim, como que apoiando o parceiro que está a falar. As posturas corporais são relaxadas, misturadas com um pouco de cansaço, talvez seja a hora, pois são 8h30 da noite.
	Participação	Ao continuar com a segunda pergunta, os alunos mudam a sua posição corporal para ouvir a pergunta do professor, alguns dos rostos dos alunos estão calmos e um deles está muito calado.
		Quanto às respostas, a maioria é positiva, apenas o aluno que virou a cabeça no início da pergunta argumenta que gostaria de ter participado em todos os espaços, mas que não lhe foi possível fazê-lo.
	Criação/construção	A linguagem corporal nesta parte do grupo focal, observam-se corpos mais estendidos nas cadeiras, e com calma perante a escuta dos acompanhantes, salienta-se que estavam muito animados através da conversa complementando as ideias dos acompanhantes, que manifestavam quando falavam. A sua linguagem verbal foi efusiva e positiva durante toda a sessão.

Fonte: elaboração própria.

3.1.3 Grupo 3. Aquisição, participação e criação/construção de Conhecimentos de ferramentas informáticas.

Bem-vindos a este espaço, é bom tê-los connosco. Tal como fizemos ontem, o objetivo é estabelecer uma conversa em torno deste assunto, criar um diálogo em que possamos dizer uns aos outros, muito brevemente, como encontraram a plataforma, como acharam a experiência com esta forma ou espaço de formação. Vamos começar com algumas perguntas com as quais gostaria de iniciar o diálogo.

Vamos começar com uma pergunta, a sala de aula virtual apresenta conceitos do seu nível acadêmico e isso a torna relevante no desenvolvimento dos seus conhecimentos até então alcançados na sua carreira, entendemos que alguns estão na parte de inglês, informática, línguas espanholas, então quais foram esses conceitos que essa estratégia te deixou? Eu vou começar com a Nancy (Professora, 2016, 9 de junho, entrevista virtual).

É algo de novo que não tinha ouvido falar no decurso dos meus estudos, não tinha ouvido falar e achei ótimo, porque é como se estivéssemos todos a lutar contra um problema e fossemos contribuir para uma solução. É algo prático, não apenas teórico, o que considero muito bom. Sou daquelas pessoas que acham que se aprende facilmente com a prática, e este exercício pareceu-me sensacional. Ver como se aprende a teoria e depois como se resolve o problema, que neste caso era criar uma APV, e eu achei o tema muito interessante, achei espetacular. (José, 2016, 9 de junho, entrevista virtual)

Obrigada, Nancy. Resumidamente, Mónica, estávamos a dizer que tinhas de explicar os conceitos ou a aprendizagem que a estratégia PBL te tocou na tua área de estudo (Professora, 2016, 9 de junho, entrevista virtual).

Penso que a ABP nos ajuda, enquanto estudantes, a adquirir novos conhecimentos de forma autónoma. Permite-nos construir o nosso próprio conhecimento, tendo o professor como guia. Por isso, parece-me ser uma boa metodologia ou estratégia de estudo que nós, enquanto futuros alunos, podemos utilizar para tornar os nossos alunos mais conscientes do seu próprio conhecimento, uma vez que esta estratégia tem precisamente a ver com o facto de os alunos adquirirem conhecimento por si próprios. (Mónica, 2016, 9 de junho, entrevista virtual).

Obrigada, Mónica. Vamos dar a palavra à Tânia para partilhar connosco o tema Os mapas conceptuais ajudam a aprender melhor os conceitos e a organizá-los adequadamente de forma a construir as suas próprias estruturas cognitivas? (Professora, 2016, 9 de junho, entrevista virtual).

É uma estratégia para o aluno explorar, um processo de aprendizagem que lhe permite questionar, investigar, inquirir. Tem sido muito útil porque até agora estou a aprender e a compreender. Tem sido um pouco diferente daquilo a que estamos habituados, pois fomos educados com metodologias diferentes, por isso é algo novo, penso eu. (Tânia, 2016, 9 de junho, entrevista virtual).

Muito obrigado Tânia. Na sala de aula virtual, os espaços de comunicação como fóruns, diários, wikis, chat, utilizados por ti e pelos teus colegas, são visitados permanentemente porque aí encontras espaços de reflexão e aprendizagem constante? (Professora, 2016, 9 de junho, entrevista virtual).

Eu acho que às vezes, do meu ponto de vista pessoal, eu pessoalmente não dediquei mais tempo à plataforma, ao assunto porque não podia por causa dos outros assuntos, mas gostei muito deste. Já tinha comentado no fórum para agradecer antecipadamente ao professor porque achei ótimo, super esta forma de ser constante de estar atento a nós através de emails, telefonemas, mensagens, que me pareceu muito boa porque é um preço não só para conhecer uma nota, mas porque ele está realmente interessado na nossa aprendizagem. Agradeço-lhe desde já a forma como esta plataforma foi gerida com os especialistas, e também porque as pessoas com quem pudemos partilhar sabem muito. É muito bom porque não foi apenas uma experiência de aprendizagem para esta disciplina, mas também para todas as outras disciplinas em que podemos utilizar os conhecimentos que adquirimos. Achei muito boa esta forma de interação e esta estratégia em geral. (Nelcy, 2016, 9 de junho, entrevista virtual)

Vamos passar outra pergunta para dar oportunidade a outros alunos que não passaram. Resumidamente, você pode me dizer, a participação de especialistas na sala de aula virtual convida à reflexão sobre o caso apresentado no início do curso, possíveis discussões com os colegas de curso? (Professora, 2016, 09/06/2016, entrevista virtual).

Achei importante ter vários especialistas de diferentes áreas, pois permitiu-nos construir uma APV muito mais enriquecida tendo em conta todos os contributos que os especialistas nos deram. (Paola, 2016, 9 de junho, entrevista virtual).

Achei bastante interessante, acho muito bom encontrar outros especialistas, outros professores na mesma sala de aula, pois cada um deles era especialista em diferentes áreas da metodologia, o que facilitou a construção das APVs, que eram muito relevantes para a disciplina e para as nossas carreiras. Esse é um ponto muito importante (Nancy, 2016, 9 de junho, entrevista virtual).

Bom, vamos para outra pergunta: Você encontra no curso presencial virtual, elementos que te convidam a aprofundar os conceitos e aprender novos? (Professora, 2016, 9 de junho, entrevista virtual).

Bem, a interação. A parte em que pudemos participar nos peritos, e também a parte muito motivadora em que vos podíamos ver, ouvir e vocês também nos podiam ouvir. Por último, também gostei do facto de termos fóruns, de termos aprendido a utilizar outras ferramentas, como o blogue e o AVA. Foi muito legal aprender novas ferramentas no mundo virtual (Yudy, 2016, 9 de junho, entrevista virtual).

Para além da interface, a parte pedagógica foi muito interessante - a aprendizagem baseada em problemas, penso que é muito significativa porque estamos a enfrentar a vida quotidiana, e também a interação com novas pessoas que estudam áreas diferentes é muito marcante. A colaboração dos especialistas é muito legal.

As animações foram muito impressionantes. Gostei do facto de se poder facilmente identificar a anexação e os temas da plataforma. Também achei muito útil a caixa de ferramentas, onde se pode selecionar cada uma delas. Achei a nova plataforma muito agradável e compreensível (Nancy, 2016, 9 de junho, entrevista virtual).

Obrigada Nancy. A questão seguinte refere-se à sala de aula virtual. Vê na sala de aula virtual um meio onde pode comunicar as suas expectativas e sugestões relativamente aos conceitos alcançados até ao momento? (Professora, 2016, 9 de junho, entrevista virtual).

Bem, algo de que gostei nesta plataforma ou nesta área de formação foi o facto de podermos adquirir conhecimentos que podemos utilizar ao longo da nossa vida. Digamos que a nossa formação como futuros professores, também quando formos professores, quando o Professor Quiroga nos ensinou a comunicar, é algo que nos parece muito importante. É algo que devemos saber como compreender uma ideia, ajudou-nos a formar-nos integralmente. Com a participação dos especialistas foi bom para todas as áreas (Nelcy, 2016, 9 de junho, entrevista virtual).

Obrigada, Nelcy. Paola As ferramentas da Web 2.0 permitem-nos organizar de forma simples e rápida, as ideias e conceitos que pretende dar a conhecer na sua área de formação, permitindo a quem interage compreender o objetivo do cenário? (Professora, 2016, 9 de junho, entrevista virtual).

Bem, como dizem os meus colegas de turma, achei muito divertido porque não conhecia a maioria das ferramentas, por isso olhar para cada uma delas e escolher a que melhor se adequava à minha APV foi algo que achei muito interessante. Para além de adquirir novos conhecimentos, tendo em conta que a sala de aula tinha muitos espaços onde podíamos consultar sobre todos os temas (Paola, 2016, 9 de junho, entrevista virtual).

Obrigado Paola. Bem, pessoal, vamos à seguinte pergunta: As ferramentas digitais como suporte na construção de Ambientes Virtuais ajudam a tornar a mensagem que se quer dar a conhecer mais atrativa para quem a vê, através de animações, sons, hiperligações, entre outros? (Professora, 2016, 9 de junho, entrevista virtual).

Sim, as ferramentas fornecem-nos estratégias para fazer uma aula virtual ou presencial. Por exemplo, quando começamos uma aula virtual, podemos fazer uma pergunta crítica e, numa aula virtual, podemos começar com um problema para chegar a uma solução. Através da minha experiência dá-me a oportunidade de fazer os miúdos pensarem através de experiências, portanto é através deste método dar-lhes ou orientá-los para reflectirem e terem um tipo de pensamento que não é tão linear como o ensino tradicional e serem mais inovadores. (Yudy, 2016, 9 de junho, entrevista virtual).

Achei a aprendizagem baseada em problemas muito interessante porque nos permite ter uma maior interação e apropriação da matéria por parte de nós em relação a esta matéria, para fazer um esforço para a fazer avançar. A utilização de ferramentas digitais na construção da APV é uma estratégia diferente e é algo que nos permite não só no desenvolvimento desta disciplina mas na prática como futuros professores podemos fazer uso delas e também nos permite levar os alunos a pensar e não simplesmente pedir-lhes resultados teóricos mas sim práticos, isso é algo bom e marcante que nos permite gerar novos conhecimentos nos alunos. (Nancy, 2016, 9 de junho, entrevista virtual).

Achei interessante a forma de resolver problemas através do uso de ferramentas online, e ainda mais com a contribuição do PBL, acho muito interessante para a resolução de problemas, e que as crianças podem desenvolver seu pensamento crítico diante disso. (Paola, 2016, 9 de junho, entrevista virtual).

Obrigado Paola, Nelcy Os blogues permitem-nos dar a conhecer o nosso ponto de vista sobre um tema através da Web? (Professora, 2016, 9 de junho, entrevista virtual).

Professora eu fiz o meu VPA usando a ferramenta blogger, que a especialista nos explicou, acho que essa ferramenta é muito fácil de usar e também nos permite expressar as informações de uma forma simples, podemos adicionar vídeos, links para páginas, textos e muitas outras coisas, gostei muito de como ficou o meu VPA e sei que para os meus alunos vai ser muito marcante e interativo. (Nelcy, 2016, 9 de junho, entrevista virtual).

Analisei várias ferramentas, a maior parte delas foram expostas no curso na apresentação das hipóteses, decidi-me pelo blogue na ferramenta blogger porque é muito fácil de usar e podia acrescentar toda a informação que quisesse e como quisesse. (Mónica, 2016, 9 de junho, entrevista virtual).

Muito obrigado Mónica, a seguinte questão: As páginas web, os vídeos, os mapas conceptuais, como recursos dentro da sala de aula virtual, facilitam a aprendizagem de alguns tópicos da sua carreira? (Professora, 2016, 9 de junho, entrevista virtual).

A verdade é que em nenhum curso tínhamos tido tantos recursos de apoio, e eu gostei desta disciplina, pude encontrar vídeos, gráficos, páginas web, bem tudo, que me permitiram perceber de uma forma simples o que se pretendia fazer, claro que no início não sabia por onde começar, depois de navegar no curso percebi melhor. (Nathaly, 2016, 9 de junho, entrevista virtual).

Bom, eu achei a sala de aula virtual muito interessante, tendo em vista que tínhamos vários recursos de apoio, inclusive páginas da internet que foram muito úteis na construção da minha APV. (Tânia, 2016, 9 de junho, entrevista virtual)

Muito obrigado Nathaly e Tânia, para terminar, a última pergunta é sobre as ferramentas web 2.0 embora vários de vocês já tenham exposto sobre elas, as ferramentas web 2.0 permitem-vos integrar os conhecimentos que estão a adquirir noutras disciplinas melhorando o vosso desempenho pessoal e profissional? (Professora, 2016, 9 de junho, entrevista virtual).

A verdade é que acredito que com as ferramentas digitais podemos fazer muitas coisas, mas primeiro temos que saber usá-las, no curso aprendi a usar muitas que nunca tinha ouvido falar e achei interessante, a verdade é que estou feliz porque aprendi muito aqui. (Nelcy, 2016, 9 de junho, entrevista virtual).

Como licenciada sei que vou continuar a usar tudo o que aprendi convosco, porque acho que é mais fácil apresentar a informação, além de ser mais interativo para os nossos alunos, obrigada. (Mónica, 2016, 9 de junho, entrevista virtual).

Foi uma grande oportunidade de o conhecer, mesmo que tenha sido apenas por webcam, pelo menos para partilhar alguns minutos consigo. Eu disse-vos no e-mail que o diálogo ia ser mais divertido e o que partilhámos foi simplesmente sobre a nossa capacidade de gerar os frutos da aprendizagem que temos vindo a alcançar ao longo deste semestre. Mais uma vez obrigado, pessoal, estou muito feliz por ter partilhado este semestre convosco. Foi um dos grupos onde consegui ter mais interação e ligação.

Espero que em outros semestres da formação de vocês possamos nos encontrar em espaços diferentes. (Professora, 2016, 9 de junho, entrevista virtual).

Tabela 28. Linguagem corporal/verbal, categoria: Aquisição, Participação e Criação/Construção de Conhecimento em Ferramentas Digitais

	Aquisições	Existe uma linguagem corporal constante no início do focus group, gestos de ansiedade e preocupação, neste grupo existem vários problemas de conetividade por parte de alguns dos alunos, pelo que o início da sessão é um pouco retardado, apresentando algumas ausências visuais que não demoraram mais de um minuto, quando a ligação foi estabelecida, iniciou-se o desenvolvimento das questões, os gestos e olhares eram de acontecimento e meditação. Este grupo seguiu as indicações do professor que cedeu a palavra para abrir o microfone aos alunos. As linguagens verbais foram acolhedoras e sublinharam a novidade do curso.
Aquisição, participação e criação/construção de conhecimentos em ferramentas informáticas	Participação	No que diz respeito à participação, a linguagem corporal é de escuta das opiniões dos colegas, há alguns comentários complementares no chat da videoconferência, existem ainda alguns problemas de interferência na comunicação, no entanto, os participantes mantêm-se presentes, em termos de linguagem verbal, os seus tons de voz são positivos e de agradecimento pelos espaços apresentados, argumentando que foi muito útil no desenvolvimento do seu trabalho.
	Criação/construção	Tendo em conta que este focus group tinha mais perguntas do que os dois grupos anteriores, os alunos nesta parte começaram a mostrar algumas posturas de cansaço, um aluno pede desculpa e desliga, no entanto a estas apreciações, os alunos respondem às perguntas com argumentos claros, positivos e convincentes, mostram tons de orgulho e gratidão pelo trabalho realizado no curso, devido ao número de perguntas e apenas são apresentadas as intervenções de quatro alunos para cada pergunta para agilizar a agenda, pois mostra um cansaço geral.

Fonte: elaboração própria.

CAPÍTULO III

Análise e discussão dos resultados.

Com base no desenho de investigação selecionado para o estudo, denominado: Grupo de controlo não equivalente, a análise e a discussão dos resultados obtidos nos testes (Pré-teste e Pós-teste) e as conclusões após a aplicação do instrumento do Grupo de Discussão são apresentadas a seguir.

Com o objetivo de determinar o âmbito da construção do conhecimento do Modelo ABP-AVA na educação a distância, no domínio de formação Filosofia dos Ambientes Virtuais de Aprendizagem na Faculdade de Educação da Universidade de Santo Tomás - VUAD, foram realizadas as seguintes fases de análise:

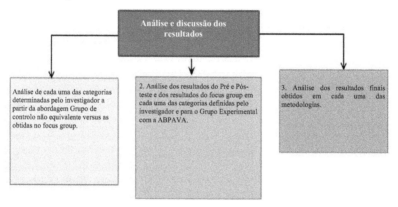

Figura 37. Fases da análise e discussão dos resultados Fonte: elaboração própria.

1.1 ***Análise de cada uma das categorias determinadas pelo investigador a partir da abordagem Grupo de controlo não equivalente versus as obtidas no focus group:***

Para abordar a análise e discussão em cada uma das categorias definidas pelo pesquisador, Aquisição, Participação e Criação/Construção do Conhecimento dos Ambientes Virtuais de Aprendizagem, Aprendizagem Baseada em Problemas e Ferramentas Digitais, foram determinadas uma série de questões, nas quais os alunos responderam a partir da abordagem quantitativa através dos testes Pré-teste e Pós-teste, utilizando a escala Likert, e a partir da técnica de coleta denominada Grupo Focal.

Posteriormente, para a realização do estudo no software SPSS a partir da abordagem quantitativa e consequente análise do focus group, foi necessário codificar as categorias e subcategorias da seguinte forma:

As letras A, B e C referem-se às categorias: Ambientes Virtuais de Aprendizagem, Aprendizagem Baseada em Problemas e Ferramentas Digitais, respetivamente.

Os números 1, 2 e 3 referem-se às subcategorias: Aquisição, Participação e Criação/Construção, respetivamente.

Por fim, a codificação é completada com o número da pergunta, que aparece no final precedido de um hífen.

Categoria A, Aquisição, participação e criação/construção de conhecimentos a partir de ambientes virtuais de aprendizagem

Aquisição, participação e criação/construção de Conhecimento dos ambientes virtuais de aprendizagem

A utilização de plataformas virtuais de aprendizagem permite-lhe aprofundar os seus conhecimentos em 1-1 outros domínios de formação no âmbito da sua carreira.

A plataforma Moodle (sobre a qual se desenvolve a sala de aula virtual do 2-2 VUAD) permite-lhe interagir diretamente com os outros participantes.

Pode afirmar-se que a utilização adequada dos recursos da plataforma

1-3, como o acesso a outros sítios Web, vídeos, mapas conceptuais, facilita a aprendizagem de alguns tópicos específicos da sua carreira.

As dinâmicas suscitadas num fórum na sala de aula virtual contribuem para o esclarecimento de dúvidas, permitindo uma compreensão mais profunda de um determinado assunto.

O desenvolvimento das diferentes tarefas apresentadas na sala de aula virtual do VUAD, convidam-no repetidamente a visitar os sítios propostos e a participar nas actividades.

A utilização das actividades próprias da plataforma, como diários, fóruns, chat e wiki, ajudou-os a partilhar os seus conceitos com os colegas.

A partilha de conceitos com os colegas é facilitada pela utilização das actividades próprias da plataforma, como a agenda, os fóruns, o chat e as wikis.

Categoria B, Aprendizagem baseada em problemas Aquisição de conhecimentos, participação e criação/construção

Aprendizagem baseada em problemas Aquisição, participação e criação/construção de conhecimentos

B A aprendizagem baseada em problemas é uma estratégia pedagógica que permite ao estudante pôr em prática os conceitos adquiridos na resolução de uma situação problemática relacionada com a sua profissão.

B Em resposta à afirmação "A ABP na área da pedagogia representa um avanço na investigação do conhecimento aprendido e reforça o que tem sido relegado para a prática", seria

B O sucesso da solução para o problema colocado, é a participação de

1-10 especialista como recurso da estratégia pedagógica PBL.

B A estratégia pedagógica da Aprendizagem Baseada em Problemas contribui para o aprofundamento dos conceitos alcançados na sua área disciplinar.

B A PBL, como estratégia para o desenvolvimento de um campo de formação, aumenta o seu interesse em relação a outras metodologias, uma vez que permite ao grupo de alunos enfrentar situações da sua vida enquanto profissionais.

B Um dos recursos utilizados pela estratégia pedagógica PBL é a participação de especialistas, o que contribui para o sucesso da solução do problema colocado.

B Os conceitos abordados na área de formação, Filosofia dos Ambientes Virtuais de Aprendizagem, respondem às necessidades do seu campo de trabalho.

B As necessidades do seu domínio de trabalho são satisfeitas pelos conceitos abordados no domínio da formação, Filosofia dos Ambientes Virtuais de Aprendizagem.

Categoria C: Aquisição, participação e criação/construção de conhecimentos em ferramentas digitais.

Aquisição de conhecimento, participação e criação/construção em ferramentas digitais

C3-16 A Internet fornece meios para apoiar o trabalho em colaboração, favorecendo novas formas de aprendizagem.

C2-17 A participação dos especialistas na sala de aula virtual convida à reflexão sobre o caso apresentado no início do curso, motivando possíveis debates com os colegas.

C1-18 Uma das novas formas de aprendizagem é através da Internet, uma vez que que fornece meios para apoiar o trabalho colaborativo.

C2-19 Na sala de aula virtual, os espaços de comunicação como fóruns, diários, wikis, chat, utilizados por si e pelos seus colegas, são visitados permanentemente porque aí encontra espaços de reflexão e de aprendizagem constante.

C1-20 Os blogues permitem-nos dar a conhecer o nosso ponto de vista sobre um tema através da Web.

C2-21 Encontra no curso, na sala de aula virtual, elementos que o convidam a aprofundar os conceitos e aprender outros novos.

C3-22 A Internet, enquanto meio de comunicação e de aprendizagem, representa uma ferramenta fundamental para a realização dos seus objectivos académicos e profissionais.

C3-23 A sala de aula virtual apresenta conceitos do seu nível académico, o que a torna relevante para o desenvolvimento dos seus conhecimentos até agora alcançados na sua carreira.

C3-24 As actividades e os recursos presentes na sala de aula virtual convidam-no repetidamente a visitar os sítios propostos e a realizar as diferentes tarefas aí apresentadas.

C2-25 Observa na sala de aula virtual um meio onde pode comunicar as suas expectativas e sugestões, em relação aos conceitos alcançados até ao momento.

C3-26 As páginas Web, os vídeos e os mapas conceptuais, enquanto recursos da sala de aula virtual, facilitam a aprendizagem de algumas matérias específicas do seu curso.

C3-27 Os mapas conceptuais ajudam a aprender melhor os conceitos e a organizá-los de forma adequada, a fim de construir as suas próprias estruturas cognitivas.

C1-28 As ferramentas digitais, como suporte na construção de Ambientes Virtuais, ajudam a tornar a mensagem a comunicar mais atractiva para o espetador, através de animações, sons, hiperligações, entre outros.

C1-29 As ferramentas Web 2.0 permitem organizar, de forma simples e rápida, as ideias e os conceitos que pretende dar a conhecer na sua área de formação, permitindo a quem interage compreender o objetivo do cenário.

C3-30 As ferramentas da Web 2.0 permitem-lhes integrar os conhecimentos que estão a adquirir noutras disciplinas, melhorando o seu desempenho pessoal e profissional.

Para estas categorias e na perspetiva formulada por Sánchez (2009) em que afirma que a construção do conhecimento se dá a partir das categorias de aquisição, participação e criação/construção do conhecimento, desenvolve-se um conjunto de questões que permitem investigar, questionar e medir estes níveis.

Nesta mesma perspetiva, Sánchez (2009) sugere para a conceção de instrumentos e medição nos níveis de Aquisição, Participação e Criação/Construção de Conhecimento uma escala de Likert, dedicada a medir traços de personalidade, capacidades mentais, nível de conhecimento e estados de opinião ou atitude.

Com base no exposto, estas categorias investigam os processos de aquisição de conceitos alcançados com a utilização e aplicação de Ambientes Virtuais de Aprendizagem (AVA), Aprendizagem Baseada em Problemas (ABP) e Ferramentas Digitais, na sua área de formação como licenciados.

Os termos participação e criação/construção de conhecimento questionam a materialização dos diferentes conceitos e a partilha com o seu grupo de pares, nesta perspetiva Sánchez (2009) indica que a construção de conhecimento é um trabalho coletivo para o avanço e elaboração de artefactos conceptuais como teorias, ideias ou modelos, enquanto a aprendizagem é orientada para mudanças nas estruturas mentais dos indivíduos.

Assim, a ênfase é colocada na ligação dos conhecimentos adquiridos noutros domínios de formação através das actividades presentes em cada um dos ambientes virtuais (fóruns, diários, chat, wiki) e na apresentação de conceitos ou hipóteses perante colegas e tutores.

Análise dos resultados do Pré-teste e do Pós-teste em relação aos resultados do grupo de discussão em cada uma das categorias e subcategorias definidas pelo investigador e para o grupo Experimental com ABP-AVA.

Para esta abordagem, analisaremos as frequências obtidas nesta categoria, tanto no grupo experimental como no grupo de controlo, depois passaremos ao teste da hipótese, continuando com a análise dos resultados no grupo de discussão, para finalmente realizar a discussão a partir dos instrumentos aplicados.

1.2 Categoria A, Aquisição, participação e criação/construção de conhecimentos em ambientes virtuais de aprendizagem.

Análise de frequência:

Tabela 29. Frequência da categoria ambientes virtuais de aprendizagem.

Tipo de ensaio			Grupo		Total
			Grupo de controlo	Grupo experimental	
Pós-teste	Resposta	Não concordo nem discordo	7,1%	4,3%	5,7%
		Parcialmente de acordo	22,7%	34,2%	28,6%
		Discordo parcialmente	9,1%	11,8%	10,5%
		Concordo plenamente	42,9%	49,7%	46,3%
		Totalmente dentro desacordo	18,2%		8,9%
	Total		100,0%	100,0%	100,0%
Pré-teste	Resposta	Não concordo nem discordo	8,4%	11,8%	10,2%
		Parcialmente de acordo	26,6%	16,8%	21,6%
		Discordo parcialmente	17,5%	21,7%	19,7%
		Concordo plenamente	32,5%	28,0%	30,2%

		Totalmente dentro desacordo	14,9%	21,7%	18,4%
	Total		100,0%	100,0%	100,0%

Fonte: Elaboração própria.

1.2.1   Grupo experimental com o modelo ABP-AVA

Das Categorias de análise consideradas para a construção do instrumento, que se baseia nas abordagens dadas por Sánchez (2009), a Categoria, Aquisição, Participação e Criação/Construção do Conhecimento de Ambientes Virtuais de Aprendizagem, é composta por sete questões, que foram aplicadas a um grupo de vinte e três alunos; após a aplicação do pré-teste e pós-teste (Tabela 29) e tendo em conta a escala de Likert para a sua classificação, observa-se que:

Pré-teste: neste teste de entrada, a análise das frequências indica que existe dispersão nas respostas, não havendo concentração significativa em nenhuma delas, os resultados mostram que estas se situam no intervalo de Concordo Totalmente (DT) 28% Discordo Parcialmente (DP) 21,7% e Discordo Totalmente (DT) 21,7%.

Tendo em conta o exposto, pode inferir-se que a aquisição, participação e criação/construção de conhecimento dos Ambientes Virtuais de Aprendizagem não é igual para todos, há alunos que associam os conceitos abordados no AVA, podendo aplicá-los noutras áreas do conhecimento, enquanto outros estão limitados a utilizá-los na área de formação que estão a estudar.

Pós-teste: observa-se neste teste final que os resultados se concentram em duas respostas Concordo totalmente (DT) 49,7% e Concordo parcialmente 34,2% (DP), o que se pode traduzir num grau de satisfação de 83,9%.

Com base no exposto, observa-se que a partir das categorias de aquisição, participação e criação/construção de conhecimento dos Ambientes Virtuais de Aprendizagem, verifica-se uma semelhança nos alunos, pelo que se pode afirmar que estes relacionam os conceitos abordados no AVA, podendo aplicá-los noutras áreas do conhecimento.

Da mesma forma, a partir desta categoria no grupo experimental observa-se que, de acordo com a análise das frequências obtidas no pré-teste e no pós-teste, no final do curso os alunos adquiriram, participaram e criaram conhecimentos de forma mais eficiente nos Ambientes Virtuais de Aprendizagem do que quando iniciaram o campo de formação.

Grupo de controlo sem ABP

Após a aplicação do pré-teste e pós-teste (Tabela 29) e tendo em conta a escala de Likert para a sua classificação, verificou-se o seguinte

Pré-teste, neste teste inicial observa-se que a maioria dos alunos Concorda Fortemente (AT) 32,5%, Concorda Parcialmente (AP) 26,6% e Discorda Parcialmente (DP) 17,5%, nas questões que representam esta categoria.

Nesta categoria e com base na dispersão das respostas, pode-se afirmar que não há uma apropriação adequada dos recursos, actividades ou dinâmicas suscitadas nas APVs, há alunos que articulam os conceitos abordados nas APVs, podendo aplicá-los em outras áreas do conhecimento, enquanto outros se limitam a utilizá-los na área de formação em que estão a trabalhar.

No pós-teste, observa-se nestes resultados que a maioria dos alunos Concorda Fortemente (AT) 42,9% Concorda Fortemente (AP) 22,7% e Discorda Fortemente (DT) 18,2% nas questões representativas desta categoria.

Do exposto, verifica-se que há um aumento dos níveis de satisfação (TA) relativamente ao Pré-teste, bem como um aumento de alunos cuja perceção é (TD), o que indica níveis significativos de dispersão, com diferenças significativas em cada um dos elementos do grupo, na forma de relacionar os conceitos abordados na APV.

Na análise desta categoria, no grupo de controlo sem PBL observa-se que, de acordo com as frequências no pré-teste e pós-teste, os alunos no final do curso apresentam uma dispersão significativa na aquisição, participação e criação/construção de conhecimentos dos Ambientes Virtuais de Aprendizagem, comparativamente ao início do campo de formação.

1.3 Teste de hipóteses

1.3.1 Declaração da hipótese:

Ho: Não existe diferença significativa nos resultados produzidos pelas duas metodologias na aquisição, participação e criação-construção de conhecimento em Ambientes Virtuais de Aprendizagem.

H1: Se existe uma diferença significativa nos resultados produzidos pelas duas metodologias na aquisição, participação e criação-construção de conhecimento dos Ambientes Virtuais de Aprendizagem.

Tabela 30. Testes de qui-quadradoa

Tipo de ensaio		Valor	gi	Significância assintótica (bilateral)
Pós-teste	Qui-quadrado de Pearson	$35,295^c$		0,000
	Rácio de verosimilhança	46,144		0,000
	N de casos válidos	315		
Pré-teste	Qui-quadrado de Pearson	$7,634^d$		0,106
	Rácio de verosimilhança	7,678		0,104
	N de casos válidos	315		

Fonte: Elaboração própria.

Na tabela 29, observamos no Pós-teste uma probabilidade de 0,00 inferior a 0,05 (probabilidade com que o SPSS trabalha), pelo que se rejeita Ho, indicando que existe diferença significativa entre o grupo de controlo e o grupo experimental, enquanto que para o Pré-teste observamos que a probabilidade é de 0,106 superior a 0,05, o que não rejeita Ho, indicando que não existe diferença significativa entre os dois grupos.

Nesta perspetiva, verifica-se para a categoria "Aquisição, participação e criação de conhecimento-construção de Ambientes Virtuais de Aprendizagem" que o modelo ABP-AVA (Grupo Experimental) é mais eficiente do que o modelo tradicional VUAD (Grupo de Controlo) em termos de construção de conhecimento nesta categoria.

1.3.2 Grupo de discussão

No que diz respeito à aquisição de Ambientes Virtuais de Aprendizagem, verifica-se que os alunos afirmam que estes são de grande importância para a sua carreira profissional atual, uma vez que as ferramentas tecnológicas se tornaram uma estratégia prioritária na educação e não apenas nos espaços virtuais, mas também no desenvolvimento de actividades atractivas para as novas gerações. Para além disso, afirmam que a aprendizagem em ambientes virtuais melhora e facilita o ensino/aprendizagem com os seus alunos.

Os alunos realizam actividades para as crianças, para que elas se sintam livres e possam interagir através de todas as TIC, o que é uma boa estratégia para reforçar o conhecimento das diferentes crianças e não estar sempre em que pegam num livro e copiam, mas realizar actividades dinâmicas para que possam desenvolver a sua formação e possam responder dinamicamente com tudo o que os rodeia *(*L. Porras, 7 de junho de 2016, videoconferência).

Da mesma forma, os discursos mostram que o grau de aquisição dos diferentes recursos apresentados na plataforma é elevado, uma vez que identificam os novos programas aprendidos durante o curso, tais como fóruns, wikis, vídeos, mapas conceptuais, e como estes lhes permitem melhorar o seu trabalho profissional.

Penso que uma das coisas que mais chama a atenção é o facto de poder ser aplicada em todas as disciplinas e em todas as idades, por isso penso que para os futuros professores é bom ter estes conhecimentos para os implementar no nosso trabalho. Por exemplo, eu estou a fazer o meu trabalho em inglês e é muito fixe que este tipo de plataforma me permita colocar áudio, jogos, documentos Word, vídeos, e tudo isso numa única plataforma ou página e, desta forma, é possível levá-la às crianças e aos jovens e focá-los na utilização mais educativa da tecnologia e na utilização do ensino e da aprendizagem (L. Espejo, videoconferência, 7 de junho de 2016).

Um aspeto de grande importância que surge no grupo de discussão é a forma como o aluno não vê apenas o ambiente virtual de aprendizagem como uma simples ferramenta tecnológica, mas que, dentro dele, desenvolve a sua própria dinâmica pedagógica, que está ligada ao seu trabalho profissional: "Ajudaram-me principalmente com as ferramentas tecnológicas, mas também com a parte pedagógica, para ver como fazer". (L. Vargas, videoconferência, 7 de junho de 2016).

No que se refere à subcategoria participação em Ambientes Virtuais de Aprendizagem, pode-se analisar que os alunos inscritos no curso demonstram grande entusiasmo em participar tanto do curso quanto das atividades nele propostas. Apesar de afirmarem que no início do curso houve dificuldades, pois argumentam que não haviam trabalhado em uma plataforma com o modelo PBL e que a apresentação do mesmo era diferente da que costumam manusear em outros cursos VUAD, após entenderem a dinâmica e reconhecerem o uso de atividades que envolvem a participação contínua no ambiente virtual, afirmam que as atividades motivaram seu interesse no desenvolvimento das mesmas, pois foram inovadoras e as consideram de grande importância em seu papel docente.

Neste aspeto, reconhecem que a motivação do professor é de extrema importância, pois consideram que isso lhes permitiu sentirem-se confiantes para apresentarem as suas dúvidas e preocupações e, assim, participarem mais facilmente nas actividades propostas.

Achei muito importante a existência de uma plataforma interactiva onde nos foram dados exemplos das páginas Bloger e Wix, pois havia uma introdução a estes temas e aos recursos que podíamos utilizar para resolver a questão colocada pelo professor, o que foi uma grande ajuda. Da mesma forma, os materiais que eles deixaram (D. Ibáñez, videoconferência, 7 de junho de 2016).

Da mesma forma, a participação nos espaços oferecidos pela plataforma (fóruns, chats, vídeo-conferências) é elevada, pois afirmam que a utilização destas ferramentas permite uma maior união e inclusão do grupo no desenvolvimento do curso, a estratégia dos especialistas convidados, abrem o panorama perante o desenvolvimento da questão proposta no modelo PBL, em cada um dos seus programas, uma vez que enriquecem com as suas diferentes visões e experiências a solução do seu objeto de estudo e/ou problema proposto.

No que diz respeito à criação/construção, os alunos referem que, nos espaços de participação propostos no curso, se observa um elevado nível académico, destacando-se que os convidados têm grandes conhecimentos sobre a temática proposta e que isso lhes permitiu ir mais além do desenvolvimento de um curso. Além disso, ofereceu a possibilidade de apresentar propostas de soluções para um problema no contexto em que cada um deles trabalha. Da mesma forma, observa-se que houve um alto nível de reflexão apresentado pelos alunos no desenvolvimento do curso, uma vez que o modelo PBL lhes permite refletir; por um lado, sobre os problemas que acontecem com eles em suas vidas diárias como professores e como propor soluções alternativas através de modelos baseados em VPA. "Ver como se aprende a teoria e depois como se dá uma solução ao problema, que neste caso era criar uma APV, achei o tema muito interessante, achei espetacular" (N. Zapata, videoconferência, 7 de junho de 2016).

Quando questionados sobre a socialização com os colegas, esta foi de grande importância para eles, pois as propostas e as formas como os outros colegas desenvolveram suas ideias na criação dos Ambientes Virtuais de Aprendizagem permitiram o debate sobre os temas abordados, bem como o trabalho interdisciplinar e a interação com os colegas do curso. *"Para mim, a participação nos fóruns foi muito importante porque sempre tive muitas dúvidas sobre como gerir o PBL e a criação do AVA, por isso acho que os fóruns foram muito bons e pude interagir convosco e com os meus colegas".* (K. Prieto, videoconferência, 7 de junho de 2016)

No entanto, embora a socialização tenha sido conseguida no seio do grupo inscrito no curso, os discursos proferidos pelos alunos não testemunham a partilha desses conhecimentos com outros membros da comunidade educativa que não o grupo experimental.

1.3.3 Discussão

A partir da análise quantitativa, verificou-se que existem diferenças significativas nos dois grupos seleccionados para o estudo, no grupo experimental com o modelo ABP-AVA. No final do processo, apresentaram progressos significativos na apropriação dos Ambientes Virtuais de Aprendizagem, o que poderá dever-se à dinâmica subscrita no seio da sala de aula virtual em termos de relevância para o seu papel enquanto licenciados e à estratégia pedagógica utilizada (PBL) para a abordagem em cada um dos momentos previstos no campo de formação.

Silva (2011) refere que a aprendizagem deve ocorrer em ambientes autênticos do mundo real, defendendo que a experiência social e a experiência com os objectos é o principal catalisador do conhecimento, uma vez que proporciona a atividade sobre a qual a mente opera. Neste sentido, o AVA desenvolvido para este grupo reflecte não só as ferramentas da plataforma Moodle (fóruns, chat, wikis, diários) mas também uma série de recursos multimédia que permitem navegar de forma alternativa nos diferentes recursos e actividades, na sua maioria baseados em cenários próximos da realidade e a partir dos quais é possível abordar o problema colocado, isto de alguma forma permite que o grupo de alunos se motive e queira trabalhar de forma mais constante no AVA.

Outro fator que motiva e de alguma forma afecta o desempenho é o trabalho com especialistas no grupo experimental com o modelo ABP-AVA. Silva (2011) afirma que os professores devem proporcionar múltiplas perspetivas e representações dos conteúdos, defendendo que estas representações proporcionam aos alunos várias vias a partir das quais podem construir o conhecimento.

Neste sentido, o modelo ABP-AVA tem a companhia de uma série de profissionais de diferentes áreas do conhecimento fortalecendo o desenvolvimento do problema colocado, eles acompanham o processo desde o seu início até o momento da sustentação da hipótese, orientando no aluno maiores oportunidades para o desenvolvimento de uma hipótese viável a partir de várias posições e experiências, um elemento que de alguma forma afeta a aquisição, participação e criação de conhecimento que se tem de um AVA,

Para o grupo de controle sem PBL, os resultados não foram significativos no estudo, quanto a esta categoria, observa-se que o grau de aquisição, participação e criação/construção do conhecimento diminuiu em relação à aplicação inicial do pré-teste e depois do pós-teste. O AVA desenvolvido para este grupo possui os recursos e atividades que um ambiente virtual geralmente possui (fóruns, chat, wikis, diários), mas ao contrário do ambiente anterior, desenvolvido com o modelo ABP-AVA, não apresenta relações significativas na sua formação como professores.

A partir do exposto Silva (2011) aponta que um Ambiente Virtual de Aprendizagem deve ser diferenciado de um espaço web bem estruturado, pois este não garante a aprendizagem, a partir do que, este estudo sugere alimentar permanentemente o AVA com pesquisas relacionadas à estruturação e representação da informação, onde é possível propor modelos de educação a distância mediados pela tecnologia, possibilitando a interação com objetos e problemas do mundo real, que envolvem conhecimentos e experiências em diversas áreas do saber.

1.4 Categoria B: Aquisição, participação e criação de conhecimentos no âmbito da Aprendizagem Baseada em Problemas.

1.4.1 Análise de frequência

Tabela 31. Frequência da categoria de aprendizagem baseada em problemas.

Tipo de ensaio			Grupo		Total
			Grupo de controlo	Grupo experimental	
Correio -teste	Resposta	Não concordo nem discordo	4,5%	6,5%	5,6%
		Parcialmente de acordo	26,7%	20,1%	23,3%
		Discordo parcialmente	9,1%	15,8%	12,5%
		Concordo plenamente	39,8%	57,6%	48,9%
		Totalmente dentro desacordo	19,9%		9,7%
	Total		100,0%	100,0%	100,0%
Pré-teste	Resposta	Não concordo nem discordo	15,3%	12,0%	13,6%
		Parcialmente de acordo	25,6%	29,3%	27,5%
		Discordo parcialmente	8,5%	19,0%	13,9%
		Concordo plenamente	36,9%	33,7%	35,3%
		Discordo totalmente	13,6%	6,0%	9,7%
	Total		100,0%	100,0%	100,0%

Fonte: Elaboração própria.

1.4.2 Grupo experimental com o modelo ABP-AVA

Das Categorias de análise consideradas para a construção do instrumento, que tem por base as abordagens dadas por Sánchez (2009), a Categoria, Aquisição, Participação e Criação/Construção do Conhecimento da Aprendizagem Baseada em Problemas, é composta por oito questões, que foram aplicadas a um grupo de vinte e três alunos; após a aplicação do pré-teste e pós-teste (Tabela 30) e tendo em conta a escala de Likert para a sua classificação, observa-se que:

Pré-teste, observa-se nestes resultados que há dispersão nas respostas, onde Concorda

Totalmente (AT) representa 33,7% Concorda Parcialmente 29,3% e Discorda Parcialmente 19%, como na categoria anterior, não há concentração significativa em nenhuma das respostas dadas pelo pesquisador.

Com base nos resultados anteriores, pode indicar-se que, para esta categoria, a estratégia pedagógica PBL não representa para a maioria dos membros uma abordagem de ensino e aprendizagem que permita pôr em prática os conceitos aprendidos; há estudantes que adquiriram, participaram e criaram conhecimentos a partir dos conceitos abordados na PBL, e podem aplicá-los noutras áreas do conhecimento, enquanto outros estão limitados a utilizá-los no atual domínio de formação.

No pós-teste, os níveis de frequência neste teste indicam uma concentração de respostas em: Concordo Fortemente (TA) 57,6% e Concordo Parcialmente (PA) 20,1%, com o que se pode inferir um nível de satisfação de 77,7%. Para além disso, é importante realçar que neste teste a pontuação Discordo totalmente aparece em 0%.

Com base no exposto, observa-se que as categorias de aquisição, participação e criação/construção do conhecimento na Aprendizagem Baseada em Problemas, é semelhante na maioria dos alunos, concebendo a ABP como uma estratégia pedagógica que permite colocar em prática os conceitos alcançados na resolução de um problema. Indagando sobre os conhecimentos adquiridos em diferentes áreas e permitindo a aprendizagem em contexto.

Ainda desta categoria, no grupo experimental observa-se que, de acordo com a análise das frequências obtidas no Pré-teste e Pós-teste, os alunos no final do curso adquiriram, participaram e criaram conhecimento de forma mais eficiente através da Aprendizagem Baseada em Problemas, do que quando iniciaram o campo de formação.

1.4.3 Grupo de controlo sem ABP

Após a aplicação do Pré-teste e Pós-teste (Tabela 30) e tendo em conta a escala de Likert para a sua classificação, observa-se que:

No pré-teste, os resultados mostram uma dispersão nas respostas, que são dadas como Concordo Fortemente (TA) 36,9% Concordo Parcialmente (PA) 25,6%, Nem Concordo nem Discordo (NA-ND) 15,3% e Discordo Fortemente (TD) 13,6%, pelo que se observa que neste teste inicial não existe um consenso definido quanto ao objetivo da estratégia pedagógica PBL.

A partir do exposto, pode-se observar que a aquisição, participação e criação de conhecimento na Aprendizagem Baseada em Problemas não é a mesma para todos. Há alunos que relacionam os conceitos abordados na ABP, e conseguem aplicá-los em outras áreas do conhecimento (TA 36,9%). Enquanto outros se limitam a utilizá-los na sua atual área de formação, as frequências mostram também que existe uma percentagem elevada (NA-ND 15,3% e TD 13,6%), que tem dificuldade em pôr em prática os conceitos alcançados na resolução de um problema.

No pós-teste, à semelhança do teste de entrada neste grupo, observa-se uma dispersão nos seus resultados, Concorda Totalmente (AT) 39,8% Concorda Parcialmente (AP) 26,7% e Discorda Totalmente (DT) 19,9%. Indicadores como DT que se situavam em 13,6% passam para 19,9%, aumentando o nível de insatisfação na abordagem a esta categoria.

A partir dos níveis anteriores pode-se indicar que a aquisição, participação e construção de conhecimento da Aprendizagem Baseada em Problemas foi dispersa e existem diferenças significativas em cada um dos membros do grupo na abordagem a esta categoria, observa-se também que na maioria dos seus membros não existe uma ligação e perceção adequada da PBL como estratégia pedagógica que apoie o seu campo de formação como licenciado.

Consequentemente, no grupo de controlo sem PBL observa-se que, de acordo com a análise das frequências no Pré-teste e Pós-teste, os alunos no final do curso apresentam um decréscimo na aquisição, participação e criação de conhecimento da Aprendizagem Baseada em Problemas, comparativamente ao início do campo de formação.

1.4.4 Teste de hipóteses

Declaração da hipótese:

Ho: Não existe diferença significativa nos resultados produzidos pelas duas metodologias na aquisição, participação e criação-construção de conhecimento da Aprendizagem Baseada em Problemas.

H1: Se existe uma diferença significativa nos resultados produzidos pelas duas metodologias na aquisição, participação e criação-construção de conhecimento da Aprendizagem Baseada em Problemas.

Tabela 32. Testes de qui-quadrado da categoria de aprendizagem baseada em problemas.

Tipo de ensaio		Valor	gi	Significância assintótica (bilateral)
Pós-	Qui-quadrado testePearson	47,956ᶜ		0,000
	Rácio de verosimilhança	61,567		0,000
	N de casos válidos	360		
	Pré-testeQuadrado de Pearson	14,057ᵈ		0,071
	Rácio de verosimilhança	14,398		0,062
	N de casos válidos	360		

Fonte: Elaboração própria.

A Tabela 31 mostra que no pós-teste obteve-se um resultado de qui-quadrado de 0,00, o que corrobora que há uma diferença significativa nos resultados produzidos pelas duas metodologias na aquisição, participação e criação-construção do conhecimento na Aprendizagem Baseada em Problemas.

Nesta perspetiva, para a categoria Aquisição, participação e criação-construção do conhecimento na Aprendizagem Baseada em Problemas, verifica-se que o modelo ABP-AVA (Grupo Experimental) é mais eficiente do que o modelo tradicional VUAD (Grupo de Controlo) em termos da construção do conhecimento nesta categoria.

Com base nestes resultados, o teste de hipóteses para esta categoria corrobora as aproximações iniciais do estudo por níveis de frequência observados anteriormente, a partir dos quais se constata que o modelo ABP-AVA implementado para o trabalho no domínio da formação em Filosofia de Ambientes Virtuais no grupo experimental permite níveis mais elevados de construção de conhecimento comparativamente ao grupo de controlo, que trabalha com a metodologia tradicional.

1.4.5 Grupo de discussão

No que diz respeito à subcategoria aquisição de PBL, os discursos levantados em torno das questões apresentam com grande efusividade respostas positivas à assimilação deste modelo, pois reconhecem que o ensino-aprendizagem é facilitado quando são apresentados casos reais em situações apresentadas dentro e fora da sala de aula. Consideram que o desenvolvimento da aprendizagem baseada em problemas é mais importante do que o ensino tradicional, em que os alunos apenas têm de memorizar uma determinada quantidade de conhecimentos e estes não estão enquadrados num contexto real, e consideram que este modelo deve ser utilizado não só nas suas salas de aula, mas também noutros contextos,

> É uma base que temos de pôr em prática para resolver os problemas reais com que nos deparamos diariamente dentro e fora da sala de aula. É uma realidade que temos de resolver com estratégias que visam a integração e a interação com as crianças (L. Prada, videoconferência, 8 de junho de 2016).

Os argumentos apresentados pelos alunos revelam um elevado grau de aquisição da estratégia PBL. Graças à relação com os especialistas, uma vez que geraram e ampliaram critérios firmes no desenvolvimento da questão-problema proposta, da mesma forma, estabelecem vários postulados enquadrados no campo pedagógico, onde através do uso de ferramentas tecnológicas podem melhorar as suas intervenções no ensino e aprendizagem no seu futuro trabalho profissional.

> Agradeço desde já a forma como esta plataforma foi gerida com os especialistas, também porque as pessoas com quem pudemos partilhar sabem muito. É muito bom porque não foi apenas uma experiência de aprendizagem para este tema, mas para todos os outros temas em que os conhecimentos que adquirimos nos são úteis (N. Valbuena, videoconferência, 8 de junho de 2016).

Numa outra perspetiva, a Tabela 26, que regista a linguagem corporal/verbal, mostra que este grupo apresenta gestos de satisfação com as conquistas obtidas no domínio da formação. Tal é expresso pelos traços alegres e emotivos face às suas próprias respostas e às de alguns dos seus companheiros, bem como na interação no chat, em paralelo com a videoconferência, observam-se expressões de satisfação e alegria em relação ao desenho e construção dos objectos propostos.

Por outro lado, no que diz respeito à participação nos diferentes espaços propostos para a aquisição e criação/construção de PBL, os alunos demonstram e destacam com emoção que os fóruns, chats e outros espaços de partilha de conhecimentos, sobretudo os fóruns realizados com os especialistas convidados, lhes permitiram obter conhecimentos não só de aprendizagens teóricas, mas obter conhecimentos e como estes podem ser colocados em contextos reais e nos quais os alunos se identificam e lhes permitem interiorizar o que aprenderam de uma forma mais eficaz.

Assim como na categoria de ambientes virtuais, os alunos apresentaram certa resistência na gestão dos espaços de participação, uma vez que o entendimento de PBL era novo para eles, porém, destaca-se que os resultados foram muito significativos em aspectos como; obtenção de conhecimento, desenvolvimento de ferramentas tecnológicas e prática de aprendizagem.

Continuando com a subcategoria de construção/criação, do Conhecimento da Aprendizagem Baseada em Problemas, pode-se afirmar que é neste aspeto que se destacam os resultados obtidos no desenvolvimento do curso desenhado com o Modelo PBL na VPA. Conforme mencionado anteriormente, a participação no curso foi nova para a maioria dos alunos inscritos, sendo que dois deles afirmaram já ter ouvido falar sobre o modelo PBL, três já haviam lido sobre o assunto e os três restantes indicaram não conhecer o modelo. Isto mostra que o conhecimento dos alunos sobre PBL é baixo.

> É uma coisa nova que eu não tinha ouvido durante o meu curso, não tinha ouvido falar e achei ótimo porque estamos todos a lutar contra um problema e vamos contribuir para uma solução. (N. Zapata, videoconferência, 8 de junho de 2016).

A partir do indicador anterior, o discurso sobre a falta de compreensão dos aspectos pedagógicos e metodológicos expostos no curso é constante, o que demonstrou uma certa timidez no desenvolvimento do curso, no entanto, os relatos dos alunos mostram como durante o desenvolvimento do curso, este se tornou uma das suas disciplinas mais marcantes e da qual gostaram mais do que as outras.

O facto de pôr em prática o que aprenderam para poderem resolver um problema real encontrado nos seus contextos, incentivou os alunos a desenvolverem o curso com interesse, uma vez que consideram que "...quando temos de resolver um problema é quando aprendemos mais" (M. Pinilla, videoconferência, 8 de junho de 2016).

A construção do conhecimento é evidente nos momentos propostos no curso para o desenvolvimento do AVA com a metodologia PBL. Eles tiveram que obter conhecimentos teóricos prévios, que lhes permitiram conhecer os elementos conceituais, metodológicos, pedagógicos e técnicos para o desenvolvimento de um Ambiente Virtual de Aprendizagem com a metodologia AVA, em que os alunos conseguiram entrelaçar todos esses conceitos em prol da resolução de um problema, que foi exposto no início do campo de estágio.

Os conceitos abordados no curso não só permitiram aos participantes gerar soluções para situações problemáticas, específicas do objeto de estudo dos programas que realizam, como também lhes permitiram reconhecer na ABP uma metodologia para abordar outros objectos de estudo específicos da sua prática profissional, mostrando a abrangência do método.

Outro aspeto relevante é a aquisição de novas ferramentas tecnológicas para a construção de Ambientes Virtuais com a Metodologia PBL, visto que os alunos afirmam ser um elemento inovador na educação em todas as áreas, a utilização de vídeos, fóruns, chats permitiu a geração de novos cenários para o ensino, tudo isso como estrutura dos AVAs, que não devem ser utilizados apenas para as áreas tecnológicas, mas em todas elas, pois geram dinamismo e atraem a atenção de quem aprende e de quem ensina.

1.5 Discussão

Para esta categoria, e depois de analisar, a partir da abordagem quantitativa, os níveis de frequência do Pré-teste e do Pós-teste em cada um dos grupos (Experimental e de controlo) e o subsequente teste da hipótese, e a partir das narrativas através do grupo de discussão, detalha-se a seguinte observação:

No grupo experimental com o modelo ABP-AVA, no pré-teste inicial, observou-se que a aquisição, a participação e a criação/construção de conhecimentos nesta categoria diferiam de um aluno para outro. Este facto pode ser explicado, inicialmente, porque apenas 50% deles exerciam (segundo dados da Previdência Universitária da Universidade de Santo Tomás - VUAD) funções docentes e, por isso, não era comum a abordagem de situações-problema ou a gestão de estratégias pedagógicas que envolvessem aprender e ensinar através da resolução de problemas.

Da mesma forma, não era habitual este grupo de alunos resolver adequadamente os conteúdos desta categoria, apesar de noutros domínios da educação o trabalho com estratégias como a PBL servir de modelo para a abordagem e desenvolvimento dos conteúdos.

Tendo aplicado o pós-teste e validado a hipótese, o progresso é significativo, como corroborado pelos resultados do grupo focal, isso pode ser devido ao facto de o campo de formação Filosofia dos Ambientes Virtuais de Aprendizagem, utilizar a estratégia pedagógica PBL como um desafio para os alunos, como afirma Barell (2005) quando diz que o PBL deve ser apresentado como um desafio para que os alunos se envolvam plenamente na busca do conhecimento.

Noutra perspetiva, Araujo e Sastre (2008) afirmam que a PBL oferece uma excelente base concetual e prática no ensino universitário, coincidindo assim com o trabalho que o grupo de alunos realizou através desta estratégia, observando os conteúdos de uma forma abrangente e ao mesmo tempo potenciando o propósito da PBL, resolvendo uma situação problemática na sua área de formação através da integração de diferentes áreas de conhecimento que o aluno vê durante o seu processo de formação.

Um fator que influenciou o avanço significativo nesta categoria foi a demanda que o trabalho com PBL impõe aos estudantes, exigindo que sua capacidade de análise e integração dos conteúdos vistos durante o curso de graduação esteja a serviço e desenvolvimento da solução para a situação-problema colocada. Da mesma forma, o trabalho colaborativo e a gestão de espaços para a integração social dos conceitos permite aos participantes uma maior compreensão e reflexão sobre o problema colocado, a este respeito Barell (2005) salienta que neste tipo de comunidade os participantes ouvem-se uns aos outros, estão abertos a diferentes pontos de vista, e podem trabalhar em colaboração para chegar a soluções razoáveis.

Nesta perspetiva, o trabalho com o modelo ABP-AVA beneficia os participantes através do trabalho colaborativo e, de acordo com as novas formas de aprender e ensinar, são consistentes com modelos como o Conectivismo, definido por Siemens (2004) como uma teoria de aprendizagem para a era digital, que defende a configuração de novos cenários apoiados pelas TIC para a geração de conhecimento.

O grupo de controlo, nesta categoria, apresenta um efeito negativo quando se aplica inicialmente o Pré-teste e depois o Pós-teste. Observa-se que os alunos articulam em menor grau, relativamente ao grupo experimental, os conceitos abordados no domínio de formação Filosofia dos Ambientes Virtuais de Aprendizagem, o que pode ser entendido porque a estratégia pedagógica utilizada para o desenvolvimento dos conteúdos não permite articular explicitamente os outros domínios de formação que vislumbram no seu percurso profissional.

Outro fator que influencia o efeito negativo desta categoria é o desenvolvimento de atividades que se referem exclusivamente à solução de problemas, especificamente no campo da formação, impedindo a abertura de espaços de discussão em outras áreas do conhecimento, o que no caso específico da área de educação implica campos de formação em áreas de pesquisa em diferentes áreas do conhecimento.

Rodriguez e Fernandez (2000) assinalam que os componentes do mundo moderno são grandes e complexos: cidades, governos, empresas, dispositivos; em geral, estruturas sociais e técnicas. É deste ponto de vista que a estratégia PBL permite uma posição contrária à formação tradicional, que é trabalhada no grupo de controlo, e a partir da qual se impede a abordagem dos problemas com base em atitudes dinâmicas e com capacidade de decisão.

1.6 Categoria C: Aquisição, participação e criação - conhecimento das ferramentas digitais. Análise de frequência.

Grupo experimental com o modelo ABP-AVA. Das categorias de análise consideradas para a construção do instrumento, que se baseia nas abordagens dadas por Sánchez (2009), na categoria de aquisição, participação e criação/construção de conhecimento em ferramentas digitais, é constituído por quinze questões, que foram aplicadas a um grupo de vinte e três alunos; depois de aplicado o Pré-teste e Pós-teste (Tabela 22) conclui-se tendo em conta a escala sugerida por este autor (escala de Likert) que:

No pré-teste, observa-se nestes resultados que há uma concentração nas respostas dadas em Concordo Fortemente (AC) que representa 51,3%, gerando nas outras percentagens uma dispersão como segue Discordo Fortemente (DT) 19,4% e Concordo Parcialmente (AP) 16,2%, ao contrário das categorias anteriores neste teste inicial há uma frequência significativa antes de iniciar o processo.

A partir dos dados obtidos, pode indicar-se que as contribuições na construção do conhecimento, em mais de metade do grupo (DT 51,3%), são significativas antes de iniciar o trabalho no campo da formação, a partir do qual se pode observar que ligam os conceitos abordados no campo de formação da Filosofia dos Ambientes Virtuais de Aprendizagem, e os aplicam noutras áreas do conhecimento, enquanto uma proporção igualmente importante (DT

19,4%) se limita a aplicá-los apenas no campo de formação atual.

No pós-teste, para esta prova final, é importante destacar a concentração significativa em três respostas: Concordo Fortemente (CA) que representa 59,4% Concordo Parcialmente (CP) 21,7% e Discordo Fortemente (DT) 0%. Esta última, em contraste com os resultados anteriores (DT 19,4%), é sustentada pelas respostas anteriores, apresentando um grau de satisfação superior a 80%.

Com base no exposto, pode indicar-se que a aquisição, participação e criação/construção de conhecimentos em ferramentas digitais é semelhante na maioria dos alunos. Também se pode afirmar que eles relacionam os conceitos abordados no domínio de formação Filosofia dos Ambientes Virtuais de Aprendizagem e podem aplicá-los noutras áreas do conhecimento.

Nesta perspetiva, o estudo desta categoria de aquisição, participação e criação/construção de ferramentas digitais no grupo experimental, mostra, de acordo com as evidências obtidas no Pré-teste e Pós-teste, que os alunos no final do curso apresentam progressos significativos nestes níveis, confirmando que as ferramentas digitais com que trabalharam durante o seu processo de formação lhes permitiram ligar e construir um produto final (AVA) que visualizou as conquistas em termos da sua aprendizagem nesta área.

1.6.1 Grupo de controlo sem ABP

Após a aplicação do Pré-teste e Pós-teste (Tabela 22) e tendo em conta a escala de Likert para classificação observou-se que:

No pré-teste, observa-se nos resultados iniciais uma concentração nas respostas dadas em Concordo Totalmente (AC) 53,3% e uma dispersão em respostas como Concordo Parcialmente (AP) 20,0%, Discordo Totalmente (DT) 12,4% e Discordo Parcialmente (DP) 11,2% a partir das quais se observa que existe um consenso definido por mais de metade do grupo (AC 53,3%) relativamente à relevância das ferramentas digitais na sua área de formação.

Do exposto se depreende que a aquisição, participação e criação/construção de conhecimento em ferramentas digitais é a mesma para mais de metade do grupo, donde se pode inferir que a grande maioria relaciona os conceitos abordados no domínio de formação da Filosofia dos Ambientes Virtuais de Aprendizagem, podendo aplicá-los noutras áreas do conhecimento, enquanto uma percentagem igualmente importante (TD 12,4%) se limita a utilizá-los neste domínio de formação.

No pós-teste, neste teste final podemos ainda observar uma concentração nas respostas dadas em Concordo Totalmente (DT) 50,6% mas nos outros níveis uma dispersão e aumento em alguns deles, como Concordo Parcialmente (AP) 19,1%, Discordo Totalmente (DT) 17,9% e Discordo Parcialmente (DP) 10,0% observando-se um aumento nos níveis de não satisfação (DT 17,9%) em relação ao teste inicial e assim a pertinência das ferramentas digitais abordadas no seu domínio de formação.

Com base no exposto, pode-se indicar que a aquisição, participação e criação/construção de conhecimento em ferramentas digitais foi dispersa e existem diferenças significativas em cada um dos membros do grupo, na forma de relacionar os conceitos abordados no domínio de formação de Filosofia dos Ambientes Virtuais de Aprendizagem, observa-se também que não existe uma perceção e ligação adequada à utilização de ferramentas digitais.

No final do estudo, na categoria de aquisição, participação e criação/construção de conhecimento em ferramentas digitais, no grupo de controlo sem PBL, observa-se que no Pré-teste e no Pós-teste os alunos no final do curso mostram uma diminuição na aquisição, participação e criação/construção de conhecimento em ferramentas digitais, do que quando iniciaram o curso de formação.

1.6.2 Teste de hipóteses

Ho: Não existe diferença significativa nos resultados produzidos pelas duas metodologias na aquisição, participação e criação-construção de conhecimento das ferramentas digitais.

H1: Se existe uma diferença significativa nos resultados produzidos pelas duas metodologias na aquisição, participação e criação-construção de conhecimento das ferramentas digitais.

Tabela 33. Testes de qui-quadrado para a categoria de ferramentas digitais.

Tipo de ensaio		Valor	gl	Significância assintótica (bilateral)
Pós-teste	Qui-quadrado			
	Rácio de verosimilhança de Pearson N de casos válidos	69,238^c		0,000
				0,000
		92,063		
		675		
	Pré-testeQuadrado de			
	Rácio de verosimilhança de Pearson			0,093
	N de casos válidos	7,948^d		0,091
		8,011 675		

Fonte: Elaboração própria.

A Tabela 32 mostra que o resultado obtido para o qui-quadrado no pós-teste é de 0,00, o que é inferior a 0,05 (probabilidade com que o SPSS trabalha), pelo que *se Ho < 0,05*, rejeita-se Ho, ou seja, aceita-se H1, o que indica que existe uma diferença significativa nos resultados produzidos pelas duas metodologias na aquisição, participação e criação-construção do conhecimento das ferramentas digitais.

Nesta perspetiva, verifica-se para a categoria "Aquisição, participação e criação-construção de conhecimento em ferramentas digitais" que o modelo ABP-AVA (Grupo Experimental) é mais eficiente do que o modelo tradicional VUAD (Grupo de Controlo), em termos de construção de conhecimento nesta categoria.

Os resultados do teste de hipóteses para esta categoria corroboram as abordagens iniciais do estudo por níveis de frequência observadas anteriormente, identificando no modelo ABP-AVA diferenças significativas na aprendizagem, gestão e construção de produtos digitais, que no caso desta área de estudo, Filosofia dos Ambientes Virtuais de Aprendizagem, incidem na conceção e construção de Ambientes Virtuais.

1.6.3 Grupo de discussão

Na subcategoria de aquisições em relação às ferramentas disponibilizadas pela Internet em espaços colaborativos, os alunos expressam positivamente a sua utilização, a partir do reconhecimento de cenários como fóruns, wikis, chats e videoconferências, que permitiram a interação com colegas, especialistas e o professor, nos processos de feedback e debate sobre as propostas feitas para o desenvolvimento das suas actividades e a complementaridade na relação com os seus colegas de curso.

Neste mesmo sentido, a utilização de blogues como ferramenta digital para a criação de ambientes virtuais de aprendizagem desenvolvidos pelos alunos neste domínio de formação, permitiu-lhes dar a conhecer e divulgar conhecimentos do seu domínio específico, afirmando que é importante ter espaços para a publicação dos seus conhecimentos e a partir dos quais possam gerar novas descobertas.

Nesta mesma ordem de ideias, no que diz respeito à aquisição de ferramentas digitais nas respostas dadas pelos alunos, foram identificadas ferramentas como: Calameo, infogram e prezi, que foram expostas nas suas APVs, como ferramentas digitais para a publicação de artigos e explicações das matérias dos programas que estão a estudar, podendo-se analisar que graças à aquisição destas ferramentas conseguem identificar as funções da web 2.0, em termos de socialização da informação não só ao nível do curso, mas de toda a comunidade virtual.

No entanto, nesse aspeto, embora os alunos identifiquem e façam aproximações à publicação de atividades propostas no desenvolvimento do curso, observa-se certa timidez no momento de abordar publicações de natureza pública, o que é identificado graças às observações feitas aos gestos realizados pelos alunos, quando se estende a pergunta sobre futuras publicações na web.

No que diz respeito à subcategoria participação, os alunos partilharam ativamente nos espaços propostos, alguns deles lamentam não ter podido participar em todos os espaços oferecidos pela plataforma, pois consideram-nos de grande importância, uma vez que argumentam que aqueles em que participaram lhes pareceram muito importantes,

Assisti a duas videoconferências porque a outra foi adiada e não pude assistir a essa. Mas foi sem dúvida uma grande ajuda porque me esclareceram muitas dúvidas. Por exemplo, eu não sabia em que programa é que ia fazer a APV ou que ferramentas, por isso ter implementado esta ferramenta foi ótimo para nós porque conseguimos resolver dúvidas, conseguimos fazer a APV. (J. Casas, videoconferência, 9 de junho de 2016)

Como se pode observar, houve um alto grau de participação em espaços como fóruns, wikis, chat, propostos na sala de aula virtual. Como mencionado anteriormente, esses cenários permitem que eles confrontem suas ideias sob novos argumentos, tanto pelos especialistas quanto pelos seus pares, nos depoimentos dados pelos alunos mostram uma constante reflexão, em que são identificadas afirmações como o conhecimento de uma nova metodologia e um novo cenário de aprendizagem como as APVs, a soma desses elementos resulta em argumentos como: "Eu achei muito legal, foi uma estratégia muito boa porque ajuda a gente depois em outros cursos ou quando a gente for professor eu achei ótimo" "(J. Casas, videoconferência, 9 de junho de 2016)

Relativamente à criação e construção de ferramentas digitais, todos os alunos responderam de forma entusiasta e positiva à relevância destas ferramentas no seu percurso profissional, utilizando adjectivos como inovadoras, importantes e que contribuem para a melhoria da educação, o que nos permite analisar o grau de interiorização destes cenários, uma vez que aprenderam a operá-los e a utilizá-los em ambientes educativos.

Outro aspeto a destacar é o grau de criação/construção relativamente aos mapas conceptuais; os alunos argumentam que quando lhes falavam de mapas conceptuais parecia que apenas correspondia a fazer um resumo das leituras e capturá-lo numa tabela, afirmam que graças à utilização de ferramentas informáticas, reconheceram que existem várias formas e recursos digitais para o desenvolvimento das suas próprias ideias que têm um sentido, um significado. É também uma nova forma de aprender e uma maneira simples de exprimir os seus próprios conceitos, o que facilitou o desenvolvimento da sua APV.

Da mesma forma, os alunos não só reconhecem a importância da utilização de ferramentas para a construção de produtos como os mapas mentais, mas também a importância de desenvolverem a sua própria APV, reconhecem as ferramentas da web 2.0 como um elemento de grande importância na criação de ambientes virtuais, pois permitiu-lhes a integração com outros temas, que, embora possam ser específicos da sua área profissional, ou possam ser de outras áreas, aplicam-nos ao objetivo que o professor em formação pretende desenvolver; Isto reflecte-se nos argumentos dos alunos de que têm mais vantagens no seu desempenho profissional graças ao desenvolvimento do curso, e especialmente com o desenvolvimento da metodologia baseada na Aprendizagem Baseada em Problemas.

1.6.4 Discussão

Neste ponto, e depois de analisar, a partir da abordagem quantitativa, os níveis de frequência do Pré-teste e do Pós-teste em cada um dos grupos (Experimental e de controlo) e o subsequente teste da hipótese, e a partir das narrativas através do grupo de discussão, observa-se o seguinte:

Na categoria, aquisição, participação e criação/construção do conhecimento das ferramentas digitais para o grupo experimental ABPAVA, após a aplicação do pré-teste inicial, observou-se que o grupo de alunos adquiriu e participou de forma dispersa nesta categoria, isso pode ser devido ao fato de que a maioria deles utiliza esses recursos sem objetivos que vão além do conceito apenas, ou seja, que lhes permitam ligar o que aprenderam e focá-lo ou conectá-lo a outras áreas do conhecimento.

Na perspetiva anterior, Siemens (2004) sugere que a aprendizagem é um processo de ligação de nós ou fontes de informação especializada, aludindo à possibilidade de relacionar diferentes conceitos e ferramentas de modo a obter uma construção mais contextualizada. Neste sentido, outro fator que influencia a dispersão na avaliação desta categoria no pré-teste é o grau de conhecimento que os elementos do grupo têm sobre as diferentes ferramentas digitais e a sua relação com a área de formação, elemento que tem um impacto significativo no desenvolvimento e aplicação dos conceitos e na resolução de problemas envolvendo ferramentas digitais.

É de salientar que, em muitos casos, os alunos têm pouca ou, por vezes, nenhuma literacia informática em termos de ferramentas digitais para a construção de cenários digitais a partir dos quais podem melhorar a sua aprendizagem.

Ao aplicar o pós-teste, o resultado do progresso é significativo nesta categoria, o que pode ser entendido como o facto de a grande maioria ter percebido e articulado as ferramentas informáticas vistas durante o campo de formação e tê-las focalizado em favor da solução do problema, ligando os conceitos e colocando-os ao serviço de outros campos de formação.

Com base no exposto, Siemens, (2004) define o conectivismo como

(...) a integração dos princípios explorados pelas teorias do caos, das redes, da complexidade e da auto-organização, em que a aprendizagem é um processo que ocorre em ambientes difusos de elementos centrais em mudança - que não estão inteiramente sob o controlo do indivíduo" (p. 30).[11]

Esta perspetiva está de acordo com estratégias pedagógicas como a PBL, que exige que o aluno construa conceitos em diferentes áreas para uma abordagem coerente do desenvolvimento de uma questão problemática.

Da mesma forma, é importante destacar que o progresso significativo pode ser entendido como a possibilidade de transcender nos espaços comunicativos disponibilizados para a abordagem e construção de conceitos, como em espaços como wikis ou fóruns, que neste cenário permitem ir além de uma simples configuração de plataforma, recriando no modelo ABP-AVA locais de encontro entre alunos, professores tutores e especialistas.

No grupo de controlo sem PBL, tendo sido aplicado o pré-teste inicial, verificou-se que houve uma dispersão na aquisição, participação e criação/construção de conhecimentos nesta categoria. Inicialmente isto pode ser entendido como uma fraca conceção do uso e aplicação das ferramentas digitais no seu papel profissional de professor, adquirindo conceitos de forma mecânica, que geralmente não se articulam com outras áreas do conhecimento, ou seja, ficam no conceito e não vão além da operacionalidade.

No Pós-teste para este grupo a situação tende a ser negativa, isto pode ser entendido como um desenvolvimento apenas a partir de uma postura instrucional, em que os diferentes

---

[11] Tradução da autora.

145

conceitos que são abordados no campo da formação são adquiridos sem se deter na devida análise que cada uma das ferramentas digitais deve possuir para ser articulada nas suas outras áreas de conhecimento.

A construção do conhecimento, entendida então a partir das categorias indicadas por Sánchez (2009), como a aquisição, a participação e a construção do conhecimento, não são significativas neste grupo, uma vez que os alunos não articulam de forma adequada os elementos tratados no domínio de formação de Filosofia dos Ambientes Virtuais de Aprendizagem para depois serem representados noutras áreas do conhecimento.

1.7 Análise dos resultados finais obtidos em cada uma das metodologias

Os resultados finais no grupo experimental com o modelo PBL-AVA mostram que existe uma diferença significativa em relação ao grupo de controlo sem PBL. Isto permite-nos analisar o papel que a variável independente desempenha neste estudo, o modelo ABP-AVA, que permite aos alunos deste grupo (experimental) questionar de uma forma importante os conhecimentos adquiridos até agora durante os seus estudos. A conceção do ambiente virtual no âmbito deste modelo, como já foi referido, apresenta não só as actividades da plataforma Moodle, mas também recursos que foram concebidos especificamente para esta experiência.

Para este grupo (experimental) e especificamente para alguns deles como mostra o estudo, o grau de progresso é significativo, representado nas avaliações finais (Tabela 22 Classificação média grupo experimental), para outros a falta de aquisição e participação não lhes permitiu uma construção significativa de conhecimento com referência ao seu papel profissional, no entanto, isto pode ser entendido porque a avaliação neste campo de formação é feita a partir de diferentes perspectivas, tendo em conta a avaliação do tutor, a autoavaliação do aluno e a dos diferentes especialistas que orientaram a solução do problema.

Em cada um dos momentos abordados no espaço de formação, o grupo experimental apresenta uma média no intervalo de 4,0 a 4,3 em comparação com intervalos no grupo de controlo que oscilam entre 3,4 e 3,7, o que mostra que existem diferenças importantes em termos do desempenho de cada grupo relativamente à abordagem, trabalho e partilha de cada um dos produtos trabalhados.

As classificações finais alcançadas pelo grupo de controlo sem PBL permitem uma análise generalizada, em que não é possível observar os graus de aquisição, participação e criação/construção de conhecimentos das diferentes categorias estudadas, podendo esta ser entendida como um desenho em que os diferentes conceitos foram abordados apenas de forma instrucional cumprindo tarefas específicas da área de estudo, embora as classificações apresentem um maior grau de homogeneidade representado em média de não se pode afirmar que a construção de conhecimentos foi significativa.

CAPÍTULO IV

CONCLUSÕES

A aplicação do Modelo ABP-AVA no grupo experimental não nos permite chegar a conclusões gerais definitivas, mas fornece elementos para a sua implementação em cenários de formação semelhantes. Da mesma forma, podem ser feitas contribuições para o discurso concetual na construção do conhecimento sobre modelos educativos em formação a distância, tanto para melhorá-los como para especificar os elementos teóricos que os sustentam. Nesta perspetiva, o Modelo ABP-AVA constitui-se como um contributo para promover desenvolvimentos de investigação e inovação em processos de formação a distância acompanhados da utilização de plataformas virtuais na Universidade Santo Tomás na sua modalidade de Ensino Aberto e a Distância.

Em relação aos objectivos gerais definidos no início deste manuscrito, que procuraram estabelecer o alcance na construção do conhecimento do Modelo ABP sobre AVA, na educação a distância no campo da formação em Filosofia dos Ambientes Virtuais de Aprendizagem na Faculdade de Educação da Universidade de Santo Tomás - VUAD. Para além dos objectivos específicos, que procuraram caraterizar o âmbito pedagógico, cognitivo e prático do tipo ABP-AVA no modelo que geraria conhecimento no campo da formação em Filosofia dos Ambientes Virtuais de Aprendizagem, determinar através das categorias aquisição, participação e criação/construção de conhecimento com o Modelo ABP em AVA, aplicado no campo da formação em Filosofia dos Ambientes Virtuais de Aprendizagem. E por sua vez, também avaliar através de uma análise comparativa a construção do conhecimento no campo de formação Filosofia dos Ambientes Virtuais de Aprendizagem, com um curso desenhado sob o Modelo ABP sobre AVA em comparação com um desenhado com a metodologia tradicional na sala de aula virtual do VUAD, para finalmente propor um modelo para a construção e dinamização da sala de aula virtual em cenários análogos de formação para a Universidade Santo Tomás, na sua modalidade aberta e a distância a partir dos resultados alcançados com a aplicação do Modelo ABP - AVA no campo de formação: Filosofia dos Ambientes Virtuais de Aprendizagem.

Conclui-se que, após a aplicação do Modelo ABP-AVA no grupo experimental e no grupo de controle o AVA sem ABP (modelo VUAD tradicional), além de terem sido observados os âmbitos pedagógico, cognitivo e prático para a construção do conhecimento de acordo com as categorias de Aquisição, Participação e Criação/Construção, Sanchez (2009) como dispositivos para que isso ocorra, conclui-se que: existem diferenças significativas, a partir da abordagem quantitativa aplicada na pesquisa, entre o grupo Experimental e o grupo de Controlo através da aplicação do Pré-teste e Pós-teste, no grupo focal e no grupo experimental., Conclui-se que há uma abrangência significativa das Categorias, Aquisição, Participação e Criação/Construção, do conhecimento em Ambientes Virtuais de Aprendizagem, Aprendizagem Baseada em Problemas e Ferramentas Digitais. O modelo ABP-AVA propicia para a abordagem e dinamização dos conteúdos no domínio formativo Filosofia dos Ambientes Virtuais de Aprendizagem, gerou processos de reflexão pedagógica comparativamente ao modelo tradicional VUAD para a aprendizagem e ensino em ensino a distância com o apoio de plataformas virtuais.

Estas reflexões são evidentes em espaços como fóruns, wikis e videoconferências, que vão além das actividades configuradas na plataforma para fins de comunicação. Trata-se de estabelecer um conhecimento integral, baseado na colaboração de todos os membros do curso, que envolvem alunos, especialistas e professor/tutor. Os resultados quantitativos do estudo demonstram a necessidade de enriquecer a epistemologia da pedagogia nestes cenários.

Uma contribuição neste sentido através do Modelo ABP-AVA, é o papel do pedagogo que orienta o campo de formação, que a partir de sua atuação em espaços de discussão síncronos e assíncronos orienta o aluno na construção de Ambientes Virtuais de Aprendizagem enriquecidos com o apoio de ferramentas como o Moodle e potencializados com estratégias pedagógicas como a Aprendizagem Baseada em Problemas que geram conhecimentos práticos. Os resultados, neste sentido, geram pistas para as novas relações que se tecem na rede entre professores e alunos para a obtenção de produtos conceptuais de forma colaborativa, sendo que um dos elementos que emerge desta interação é o nível de proximidade (síncrona e assíncrona) necessário para que tal ocorra. Como afirmaram nas suas declarações no grupo focal, um dos elementos que mais lhes chamou a atenção no espaço digital mediado com o Modelo ABP-AVA, são os níveis de participação dos alunos, dos especialistas e do professor-tutor, estas relações que parecem perder legitimidade quando não são desenvolvidas presencialmente, encontram um cenário que permite maiores níveis de proximidade e orientam na dimensão do trabalho colaborativo e autónomo.

Neste sentido, o conhecimento prático no Modelo ABP-AVA, evidenciado na formação dos licenciados como neste estudo, permitiu-nos observar a capacidade de refletir sobre a situação-problema, relacionando interesses, necessidades e particularidades na sua área de formação, a partir da qual foram geradas acções concretas para trazer as suas hipóteses para a realidade, para espaços concretos de transformação, que no caso do grupo, têm a ver com o seu papel de professores em formação.

Com base no exposto, o processo educativo gera uma transição de um paradigma de aquisição para um paradigma de construção do conhecimento, estabelecendo uma abordagem alternativa à gestão e dinamização dos espaços virtuais que estão atualmente a ser utilizados na Universidade Santo Tomás na sua modalidade aberta e a distância. O modelo ABP-AVA constitui um cenário onde a mudança de paradigma se torna evidente na integração de estratégias pedagógicas como a ABP, que estão de acordo com a formação do homem a partir de várias dimensões e que se entende não ter limite definido e estar em permanente construção.

Assim o entende a definição de educação a distância apresentada pela universidade, a partir da qual se projecta como uma modalidade educativa cujo centro e protagonista é o estudante, exigindo um novo paradigma pedagógico, centrado numa conceção de ensinar, aprender, conhecer com ênfase na aprendizagem autónoma e na gestão dinâmica do tempo, do espaço, da capacidade de aprender do estudante e dos novos meios e mediações pedagógicas.

Nessa perspetiva, o Modelo ABP-AVA é conclusivo em suas contribuições para essa mudança de paradigma e apresenta algumas pistas para que estudos posteriores cujo objeto de pesquisa seja a construção do conhecimento em ambientes mediados por tecnologia possam obter resultados condizentes com a dinâmica comunicativa da rede. Isto é evidenciado pelo trabalho colaborativo para a conceção de produtos conceptuais, ideias, noções, mapas mentais, mapas conceptuais, que permitem a construção de hipóteses relativamente ao problema colocado. Neste sentido, o trabalho coletivo deste estudo vai para além da interação. Trata-se de partilhar objectos e de os potenciar a partir das ideias de todos (alunos, especialistas e professor tutor), potenciadas com a utilização das TIC.

O estudo é igualmente conclusivo nas crenças sobre a aprendizagem, que mostram alunos cuja orientação para este processo é apenas de aquisição, mas onde existem atitudes positivas em relação a novas formas de aprendizagem, que lhes permitem aproximar-se da experiência e orientação do conhecimento em situações concretas. O exposto sugere que os alunos têm a impressão de estarem orientados para a receção de novas posturas educativas, o que é demonstrado nas suas intervenções e declarações em cada um dos espaços.

A análise dos dados permite-nos concluir que o Modelo ABP-AVA favorece novas formas de aprender, ensinar e ligar conceitos. Isto é apoiado pelas condições gerais da plataforma, que favorecem a interação, o contacto com especialistas, a criação de pequenos grupos de estudo, que por sua vez fazem parte de comunidades de prática e de aprendizagem. Este processo realiza-se graças à organização e apresentação de cada um dos momentos do espaço virtual (Sensibilização, Fundamentação, Apresentação da hipótese, Fundamentação da hipótese), que não requer uma ordem de abordagem nem conhecimentos prévios. O processo de aquisição, participação e criação/construção é feito espontaneamente por cada um dos alunos no momento em que se sentem mais confortáveis, concetual e pedagogicamente falando.

Noutra perspetiva, os espaços síncronos e assíncronos da sala de aula virtual, já referidos, permitem ao tutor e aos especialistas observar a evolução das ideias, das discussões e dos debates, e aperceber-se de modificações cognitivas importantes na maioria dos participantes no curso. Estas alterações cognitivas têm a ver com a relação entre o artefacto concetual, solicitando um Ambiente Virtual de Aprendizagem como produto final, e a ideia de o construir.

Na investigação, verifica-se como esta ideia de construção do produto concetual muda a sua dimensão inicial e, através dos cenários de diálogo com os tutores e da sua própria indagação, configuram-se novos elementos, com os quais é possível abordar e compreender formas alternativas de comunicar o conhecimento. É conclusivo no estudo como estas mudanças se devem à dinâmica do espaço, mas também a factores como a relevância do problema a resolver para o seu campo de formação como professores.

Desta forma, o avanço das ideias e a sua posterior evolução em prol da geração de elementos conceptuais, permite a formulação de considerações alternativas, para que possam ser realizadas em espaços digitais, como no caso desta investigação. A perspetiva dos momentos (Sensibilização, Fundamentação, Apresentação da hipótese, Fundamentação da hipótese) permite ao aprendente e ao professor dar clareza ao processo de avanço das mesmas, embora, como já foi referido, não exija uma ordem para a sua abordagem. Permite um cenário de acompanhamento para a sua maturação, que no caso desta investigação tem a ver com a apresentação da hipótese.

Nessa mesma perspetiva, a resolução de problemas como geradora de discussões, argumentos, debates e sua posterior socialização, como uma das condições para a geração do conhecimento, nos permite concluir na presente pesquisa que o modelo ABP-AVA apresenta abordagens importantes para a possibilidade de aprimoramento de ideias a partir da abordagem problematizadora. Uma das estratégias activadas e que deu melhores resultados foi a de delegar nos alunos o seu processo de reflexão e, consequentemente, os seus momentos de avanço ou talvez de retrocesso através dos momentos levantados no curso.

No início, esta mudança no papel do aluno no processo de aprendizagem é complexa, para alguns deles é difícil compreender que agora são eles que regulam o seu processo e que o tutor e os especialistas estão à espera do seu desempenho, mas após o processo de sensibilização, os resultados mostram que foi agradável para eles sentirem-se parte de uma comunidade onde podem dirigir-se aos seus pares em qualquer altura para debater, clarificar ou reforçar as suas hipóteses e, acima de tudo, para avançar ao seu próprio ritmo.

A construção colaborativa do conhecimento para o modelo ABP-AVA não está centrada nas atividades que se configuram na plataforma, pois estas se constituem em um dispositivo didático para que ocorram, como a moderação e dinamização do tutor, bem como a dos especialistas, que, por meio dos diferentes cenários que constituem o coletivo. Nesse sentido, evidencia sua apropriação e coerência com a proposta, o que reflete a apropriação de conhecimentos técnicos relativos ao uso de ferramentas digitais, que articulam os modelos e estratégias com suas propostas educacionais.

Os discursos, analisados no capítulo 6, permitem-nos concluir, neste estudo, que o âmbito prático do modelo ABP-AVA leva os estudantes a centrarem a sua aprendizagem na conceção e construção de artefactos conceptuais que reforcem ou gerem profundidade no seu campo de formação. Assim, é de salientar que o grupo experimental incluiu estudantes de diferentes licenciaturas, o que implica um desenho metodológico e pedagógico que reflicta esse facto.

Nesta perspetiva, o modelo ABP-AVA tem em conta estas particularidades e não centra a sua atenção em áreas específicas de formação. Em vez disso, recria um cenário que orienta o aluno na elaboração de produtos que ratificam ou questionam os seus conhecimentos e, sobretudo, geram mais incógnitas, face à apresentação de uma posição ou hipótese, como se pode ver nos espaços da videoconferência com especialistas, onde o professor apresenta uma posição sobre o seu saber disciplinar, que bem poderia ser Pedagogia e didática dos Ambientes Virtuais de Aprendizagem. As ferramentas digitais para a construção de AVAs, as técnicas de representação do conhecimento e as técnicas de apoio são as que permitem ao aluno decidir quais os conhecimentos que serão úteis para o seu projeto final, no qual foi abordada a apresentação de um Ambiente Virtual de Aprendizagem para a sua área de formação.

As ideias, os conceitos e a apresentação de hipóteses, são produtos que foram evidenciados no grupo experimental com o modelo ABP-AVA, a partir do qual o estudo é conclusivo. A partir das afirmações obtidas, foi possível

salientaram a importância de aprender a ouvir o outro participante e de ter a possibilidade de se relacionar com o outro de forma espontânea, sem recorrer à tradicional reunião com hora marcada. Estas reuniões favorecem a construção de ideias ou conceitos que, por sua vez, conduzem à construção de novos conhecimentos.

1. Contribuição para o estado da arte da investigação

As abordagens no estado da arte permitiram especificar alguns critérios quanto à abordagem de propostas pedagógicas mediadas pelas TIC, como é o caso de investigações como as de Salmerón et al. (2010), em que se dá ênfase à aprendizagem colaborativa-cooperativa como ferramenta de construção colectiva, a partir da qual se sintonizam modelos como o ABP-AVA, promovendo e gerando este tipo de cenários em todos os momentos propostos. Uma das conclusões abordadas pelo estudo consiste na geração de espaços síncronos e assíncronos para que a aprendizagem e o ensino ocorram, mas, para além disso, reside na contribuição da criação de cenários digitais com pretensões mais contextualizadas sob as ferramentas digitais actuais, que surgem ao longo deste estudo formando uma tríade para a construção do conhecimento.

Na perspetiva acima, os autores Morales-López, et al. (2016), apresentam uma investigação cujos elementos são considerados fundamentais no modelo ABP-AVA. Trata-se de criar cenários permanentes de acompanhamento e motivação ao longo do processo, que fazem parte dos elementos conclusivos do processo de construção do conhecimento no grupo experimental, como corroboram os dados estatísticos e as narrativas relativas ao processo vivido, onde os alunos argumentam (em relação ao processo vivido) o sucesso do trabalho graças ao acompanhamento permanente do tutor e dos especialistas. Esta é uma das conclusões mais importantes relativamente ao processo de formação com estratégias como a PBL, em que não basta o acompanhamento do tutor, mas é necessário trabalhar com especialistas que orientem e reforcem o processo. Coloca-se então a questão: "Estará a Universidade Santo Tomás, na sua modalidade aberta e à distância, preparada para assumir os custos (pessoal docente, infra-estruturas, tempo) para proporcionar ao formando licenciado uma aprendizagem e um ensino que permita questionamentos e experiências em contexto para além dos níveis de aquisição, passando para os níveis de criação/construção, a partir dos quais se baseia este trabalho?

Para responder a esta questão, é necessário rever na presente investigação os âmbitos pedagógico, cognitivo e prático, e a sua transcendência nos actuais processos de formação, isto pode gerar pistas importantes para a mudança de paradigma na educação a distância na Universidade Santo Tomás VUAD, o que sugere nesta investigação, migrar do paradigma da aquisição para a criação/construção do conhecimento, na formação dos licenciados.

2. Relevância da metodologia

A importância dos dados recolhidos nesta investigação e a partir dos quais foram expressas as conclusões acima referidas, reside no facto de permitirem uma postura alternativa sobre os métodos de investigação em educação. Ao entrar em diálogo com o paradigma Quantitativo para a abordagem do problema de pesquisa e sua posterior solução, contribui de alguma forma para a discussão sobre o trabalho com esta metodologia na verificação ou refutação de hipóteses, que no caso desta pesquisa obedece ao Design Cusiexperimental denominado Non-Equivalent Control Group, que permitiu a elucidação da questão de pesquisa, apoiada na aplicação do Grupo Focal, o que é significativo para este trabalho na construção do conhecimento do Modelo ABP sobre AVA na educação a distância, no campo de formação Filosofia dos Ambientes Virtuais de Aprendizagem na Faculdade de Educação da Universidade de Santo Tomás - VUAD.

O objetivo deste trabalho é contribuir para futuras investigações em que se investiguem processos de aprendizagem a distância mediados por tecnologias, tendo em conta uma abordagem metodológica quantitativa e os resultados dela derivados, permitindo a quem tomar esta investigação como referência orientar metodologicamente propostas com características semelhantes às aqui formuladas.

Embora o desenho quase-experimental tenha permitido, neste estudo, satisfazer as necessidades de organização e visualização dos resultados de forma coerente com os objectivos formulados, é importante salientar que os desenhos quantitativos apoiados em técnicas de recolha de dados como o Focus Group são um cenário ainda por explorar. Esta investigação contribui neste campo, ao formular a partir do paradigma quantitativo um desenho como o grupo de controlo não equivalente, que orienta o investigador nos resultados na ordem estatística, mas ao mesmo tempo são verificados com as afirmações e interacções conseguidas no grupo focal. Esta posição pode oferecer pistas na geração de novos cenários metodológicos, que, como no caso desta pesquisa, são propostos para corroborar os seus resultados.

3. O que falta fazer

Quando se comparam os resultados entre o grupo experimental com o modelo ABPAVA e o grupo de controlo sem ABP, conclui-se que o grupo experimental apresentou níveis significativos na construção de conhecimentos nas três categorias contempladas no presente estudo, comparativamente ao grupo de controlo; no entanto, o estudo é igualmente conclusivo quanto às fragilidades práticas e teóricas que necessitam de ser reforçadas para levar a experiência adquirida neste trabalho a outros cenários de formação.

Nessa perspetiva, embora o referencial teórico forneça os fundamentos básicos para o estudo, faz-se necessária uma exploração mais ampla em áreas de estudo que contemplem perspectivas e alternativas para a aprendizagem e o ensino. Desta forma, é necessário aprofundar as abordagens cognitivas como base para a conceção e construção de materiais didácticos com o apoio das TIC, o que permitiria, em estudos posteriores, possíveis replicações deste trabalho em diversos cenários de formação, que poderiam assim ser extrapolados para espaços orientados inteiramente online: a formação em e-learning.

No caso da Universidade Santo Tomás na sua modalidade aberta e a distância, estas explorações poderiam contribuir para gerar estudos semelhantes na Faculdade de Ciências e Tecnologia, que considera os Ambientes Virtuais de Aprendizagem para a formação em todos os seus programas, como um cenário de encontro e dinamização de conteúdos.

Da mesma forma, o estudo contempla o paradigma construtivista como modelo pedagógico em que se baseia a investigação, embora as abordagens neste campo para o desenvolvimento do trabalho nos permitam dar conta dos objectivos propostos, a sua exploração acaba por ser limitada. É necessário retomá-lo em estudos posteriores e alimentar os seus resultados em termos de novos paradigmas de aprendizagem que dele emergem, embora nesta investigação estejamos a trabalhar o conectivismo como a teoria que potencia as formas de aprender e ensinar em rede, é importante aprofundar as novas correntes para a construção do conhecimento com o apoio das TIC.

As teorias instrucionais, enquanto perspectivas pedagógicas que incluem fundamentos cognitivos e construtivistas para a abordagem e navegação em espaços digitais, são importantes, por exemplo, na gestão de cenários virtuais de aprendizagem. Isto requer uma maior exploração em trabalhos futuros, que contemplem, como nesta investigação, a aplicação de estratégias pedagógicas enriquecidas com cenários multimédia e interação constante.

Neste sentido, os resultados do estudo mostram que o grupo experimental, ao abordar pela primeira vez a nova plataforma e com ela as novas formas de acesso aos conteúdos e à informação, considerou-a confusa e complexa, isto à luz dos cenários que habitualmente se configuram na Faculdade de Educação na sua modalidade aberta e a distância, que não dispõem de uma interface enriquecida com elementos multimédia.

Nessa perspetiva, o estudo constata que é necessária uma preparação inicial para o processo, embora exista uma primeira etapa denominada "Sensibilização", que visa orientar sobre a nova metodologia. Há fragilidades nos processos instrucionais necessários para uma navegação eficaz em cada um dos espaços. Nesta mesma direção, a sensibilização requer uma abordagem concetual que oriente o grupo de alunos para as novas dinâmicas de construção do conhecimento, que lhes permitam passar do paradigma da aquisição para o da criação/construção.

Para trabalhos futuros, é necessário reforçar a preparação prévia do processo, para que esta transição ocorra de forma mais optimizada, os resultados sugerem a orientação inicial para o trabalho colaborativo como cenário para a criação de ideias ou conceitos, isto implica que no momento de abordagem, denominado "Awareness" é necessário considerar mecanismos de reconhecimento e revitalização de comunidades de aprendizagem e de prática, como cenários para a construção colectiva de artefactos, que no caso desta investigação se traduzem em ideias ou conceitos que dão origem ao desenvolvimento de cenários virtuais de aprendizagem.

A investigação em ambientes virtuais de aprendizagem no ensino superior, apoiada em modelos de construção do conhecimento, representa um caminho ainda por percorrer. Este trabalho centra-se na formação de licenciados na modalidade a distância no espaço de trabalho, Filosofia dos Ambientes Virtuais de Aprendizagem, no entanto, são investigações complementares que reforçam os resultados em termos das relações que surgem fora do espaço de formação, ou seja, processos de construção do conhecimento para além da sala de aula virtual, a partir dos quais se podem orientar trabalhos futuros.

Finalmente, o trabalho sugere para a Universidade Santo Tomás na sua modalidade aberta e a distância, e especialmente para a Faculdade de Educação, um desenho pedagógico e tecnológico, como o apresentado neste estudo com o Modelo ABP-AVA, que permita ambientes virtuais de aprendizagem que fortaleçam processos de aquisição e participação do conhecimento, orientando de forma mais coerente os conceitos abordados nos seus diferentes campos de formação, mas também, conseguindo migrar para paradigmas de criação/construção do conhecimento, como é o caso deste estudo. Desta forma, reconhecem elementos da sua formação (enquanto licenciados) e relacionam-nos com áreas como as TIC e as suas múltiplas possibilidades educativas.

REFERÊNCIAS

Aigneren, M. (2006). *A técnica de recolha de informação através de grupos focais.* Recuperado em 12 de janeiro, http:// ccp.ucr.ac.cr/bvp/texto/14/grupos_focales.htm

Alarcón, D. C., Predas, A. C., & Pais, J. D. A. (2005). La innovación a través de entornos virtuales de enseñanza y aprendizaje (A inovação através de ambientes virtuais de ensino e aprendizagem). *Revista Iberoamericana De Educación a Distancia, 8*(1), 105-125. Recuperado de http://search.proquest.eom/docview/1197261991 ?accountid=50441. (03/07/2015)

Álvarez Cadavid, G., & Álvarez, G. (2012). Análise de ambientes virtuais de aprendizagem a partir de uma proposta semiótica integral. *Revista eletrónica de investigação educativa, 14*(2), 73-88.

Araujo, U., & Sastre, G. (2008). *El aprendizaje basado en problemas, una nueva perspetiva de la enseñanza en la universidad.* (Barcelona, Espanha: Gedisa.

Barabási, A. L., (2002). *Linked: The New Science of Networks.* Cambridge, MA: Perseus Publishing.Barell, J. (2005). *El aprendizaje basado en problemas: Un enfoque investigativo,* Editorial Manantial SRL, Buenos Aireas, Argentina.

Bartolomé, A. (2011). *Conectivismo: aprender em rede e na rede. In Marcelo Brito Carneiro Leao: Tecnologias na Educacao: Uma abordagem crítica para uma atuacao pratica.* Recife, Brasil: UFRPE

Batista, M. Á. H. (2011). Considerações para o design didático de ambientes virtuais de aprendizagem: uma proposta baseada nas funções cognitivas da aprendizagem. *Revista Iberoamericana de Educación, 38*(5), 2 - 35.

Bautista Pérez, G., Borges Sáiz, F., & Forés i Miravalles, A. (2012). *Didática universitaria en entornos virtuales de enseñanza-aprendizaje.* Madrid: Narcea ediciones.

Beck, M., Bryman, A., & Futing, L. (2004). *The Sage Encyclopedia of Social Science Research Methods.* New Delhi: SAGE PublicationsBell, F. (2011). Connectivism: its place in Theory-Informed Research and Innovation in Technology-Enabled Learning. *International Review of Research in Open and Distance Learning, 12*(3), 98-118.

Ação Social Universitária (2008). *Caracterização da população estudantil nos programas de Educação a Distância da Universidade Santo Tomás.* Bogotá: Universidad Santo Tomás VUAD. (pp. 3 - 25)

Boucher, F. (2003). *Propuesta de una campaña publicitaria para equipos de fútbol* [Tese de licenciatura]. Puebla: Universidad de las Américas

Briones, G. (2002). *Metodologia da investigação quantitativa em ciências sociais.* Bogotá: Edit. ARFO Editores e Impresores Ltda.

Briones, G (2009). *Epistemologia e teorias das ciências sociais e da educação.* México: Edit. Trillas.

Brea, J (2007). *Cultura_RAM mutações da cultura na era da distribuição eletrónica.* Barcelona: Editorial Gedisa. Primeira edição.

Boud D. & Felleti, G. (1997). *O desafio da aprendizagem baseada em problemas.* Londres: Kogan Page.

Campbell, D. & Stanley, J. (1995) *Experimental and quasi-experimental designs in social research.* Buenos Aires: Editorial Color Efe.

Cano, E., Garrido, J., Graván, P. & López-Meneses, E. (2015). *Desenho e desenvolvimento do modelo pedagógico da plataforma educativa "Projeto Universidade Quântica".*

Espanha: Campus Virtuales.

Caro, L. A., Rivas, O., Velandia, C. A., & Angel, A. L. (2006). *Desenho, construção e implementação de cursos virtuais.* Bogotá: Fundação Universitária da Área Andina.

Caro, L. A., Velandia, C. A., Ruiz, W. B., & Álvarez, C. A. (2004). *Concepções educativas contemporâneas e cenários virtuais de aprendizagem.* Bogotá, Colômbia: Kapra.

Chen, S. Y. & Paul, R.J. (2003). Individual differences in web-based instruction-an overview. *British Journal of EducationalTechnology. 34*(4), 385-392.

Clifton, C. (2001). A psicologia da aprendizagem da abordagem construtivista. *Revista latino-americana de estudos educacionais (*2) 45-56.

Cuero, R. (2005). A educação contemporânea deve desenvolver a cultura da criatividade rumo à sustentabilidade. *Revista Debates,* (61), 2-7.

Dahle, L., Forsberg, P., Hard, S., Wyon, Y., & Hammar, M. (2008). "Problem-based learning, A new perspective on teaching at the university". In U. Araujo & G. Sastre Villarrasa. *El aprendizaje basado en problemas, Una nueva perspetiva de la enseñanza en la universidad* (pp. 15-16). Barcelona: Gedisa.

Departamento Administrativo Nacional de Estatística. [DANE] (2003). *Medição das Tecnologias de Informação e Comunicação.* Sumário Executivo. Agenda para a Conectividade, (p.13.)

Downes, S. (2005). *Uma introdução ao conhecimento conectivo* (pp. 12-12).

Obtido em http://www.downes.ca/post/33034

Enemark, S. & Kj^rsdam, F. (2008). ABS na teoria e na prática: A experiência de Aalborg de inovação de projectos no ensino universitário. In U. Araujo, & G. Sastre. *El aprendizaje basado en problemas, Una nueva perspetiva de la enseñanza en la universidad* (pp. 67-91). Barcelona: Gedisa.

Engestrom, X. (1987). *Learning by expanding: An activity-theoretical approach to developmental research.* Helsínquia: Orienta-Konsultit Oy.

Felder, R. (1993). Reaching the Second Tier: Learning and Teaching Styles in College Science Education. *J. College ScienceTeaching, 23*(5), 286-290.

Freire, P. (1967). *Papel da educacao na humanizacao.* Obra de Paulo Freire; Série Artigos.

Fontalvo, H., Iriarte, F., Domínguez, E., Ricardo, C., Ballesteros, B., Muñoz, V., & Campo, J. D. (2007). Desenho de ambientes virtuais de aprendizagem e sistemas hipermédia adaptativos baseados em modelos de estilos de aprendizagem. *Zona Próxima,* (8) 36-58. Recuperado de http://search.proquest.com/docview/1435673820?accountid=50441 (03/07/2015)

Garmendia, M., Barragués, J. I., Zuza, K., & Guisasola, J. (2014). Projeto de formação de professores universitários de ciências, matemática e tecnologia em metodologias de aprendizagem baseada em problemas e aprendizagem baseada em projectos. *Enseñanza De Las Ciencias, 32*(2), 113-129. Recuperado de doi:10.5565/rev/sciences.911.

Gibb, A. (1997). Focus group. *Atualização da Investigação Social, 5*(2), 1-8. Recuperado de sru.soc.surrey.ac.uk/SRU19.html - 23k

Gleick, J., (1987). *Chaos: The Making of a New Science.* Nova Iorque, NY, Penguin Books.

Gómez, S. M., Rojo, E. G., Lorenzo, C. M., & Fernández, N. V. (2012). Los nuevos modelos de aprendizaje basados en tecnologías de información y comunicación en los grados de administración y dirección de empresas y su aplicación en la universidad ceu san pablo/os novos modelos de aprendizagem baseados em tecnologias de informação e comunicação nos graus de gestão empresarial e sua aplicação na Universidade CEU San

Pablo. *VivatAcademia, 14*(117), 934-953. Recuperado de http://search.proquest.com/docview/1022699046?accountid=50441.

Guardini, R. (1973). *El fin de los tiempos modernos*. Buenos Aires: Editorial Sur.

Gutiérrez, F. (2004). *Teorias do desenvolvimento cognitivo*. Espanha: McGRAW-INTERAMERICANA DE ESPAÑA.

Habermas, J. (1994). *Conhecimento e interesse*. Madrid, Espanha: Taurus.

Hernández, S. (2014). *Metodología de la Investigación sexta edición*. México D.F.: Editorial McGRAW-HILL.

Hernández, R., Fernández, C., & Bautista, P. (2014) *Metodologia de Investigação*. México D.F.: Editorial Mcgraw-Hill.

Hueso, A. e Cascant, M. J. (2012). *Metodologia e técnicas de investigação quantitativa*. Valencia: Universitat Politécnica de Valéncia.

Castro Humano, M. e Cueto, J. (2014). Primeiro MOOC no Peru: Experiência e resultados de uma nova forma de gerar conhecimento com foco 267

pedagogia conectivista na Universidade de San Martín de Porres. *Revista EduTicInnova 13*(1) 1-22.

Johnson, L., Adams Becker, S., Estrada, V., & Freeman, A. (2014). *Relatório NMC Horizon: Edição de Ensino Superior 2014*. Texas: The New Media Consortium.

Julião, C. (2011). *A abordagem praxeológica*. Primeira edição. Bogotá D.C.: Editorial Corporación Universitaria Minuto de Dios - UNIMINUTO.

Kaplún, M. (1998). Processos educativos e canais de comunicação. *Comunicar, 11*,158- 165.

Kitzinger, J. (1995). Educação e debate Investigação Qualitativa: Introdução aos grupos de discussão. *Sociologia da Saúde, 311*, 299-302.

Lafuente, J.V., Escanero, J.F., Manso, J.M., Mora, S., Miranda, T., Castillo, M., ... Mayora, J.. (2007). *Desenho curricular baseado em competências no ensino médico: impacto na formação profissional*. Educação Médica, *10*(2), 8692.

Lévy, P. (1999), *O que é o virtual?* Barcelona: Paidós Iberoamérica.

Londoño, O., Maldonado, L., & Calderón, L. (2014). *Guía para construir estados de arte*. Bogotá: Corporação Institucional de Redes de Conhecimento.

López, D., Patiño, F., Céspedes, N., Quiroga, A., & Pinilla, C. (2015). *Manual De Buenas Prácticas De Aulas Virtuales Vuad*.

Marcel, G. (1967). *Em busca da verdade e da justiça*. Editora: Editorial Herder Margetson, D. (1997). Porque é que a aprendizagem baseada em problemas é um desafio?" In D. Boud & G. Feletti. *The Challenge of Problem-based Learning*. 2nd (pp. 36-44). Londres: Kogan-Page.

Majmutov, M. I. (1983*). La enseñanza problémica*. Havana: Ed. Pueblo y Educación.

Marin, J. (2012). *LA INVESTIGACIÓN EN EDUCACIÓN Y PEDAGOGÍA : "Sus fundamentos epistemológicos y metodológicos"* Bogotá, Bogotá: Ediciones USTA.

Martínez-González, A., Cabrera-Valladares, A., Morales-López, S., Petra, I., Rojas-Ramírez, J.A., & Piña-Garza, E. (2001). Aprendizagem baseada em problemas: uma alternativa pedagógica nos estudos de graduação da Faculdade de Medicina da UNAM. *RESU, 117*, 1-12.Merino, J. V. (2005). A educação fora do sistema educativo. In A. Monclús (coord.): *Las perspectivas de la educación atual*. Salamanca: Tempora.

Morales, P. (2013). *Metodologia da educação a distância*. Recuperado

de http://soda.ustadistancia.edu.co/enlinea//eduvirtual/Libros/MedEduDistan

cia/files/assets/downloads/publication.pdf

Morales-López, S., Muñoz-Comonfort, A., & Fortoul-van de Goes, T. I. (2016). Avaliação do tutor na aplicação da estratégia de aprendizagem baseada em problemas nas disciplinas de Integração Clínica Básica I e II. *Investigação em Educação Médica, 5*(17), 40-48.

Namakforoosh, M. (2006). *Metodologia da investigação*. 2 ed. México: Limusa

Onrubia, J. (2015). Aprender e ensinar em ambientes virtuais: atividade conjunta, ajuda pedagógica e construção de conhecimento. *Revista de Educación a Distancia*.

http://www.um.es/ead/red/M2/conferencia onrubia.pdf

Pérez, A. (1993): A interação teoria-prática na formação de professores.

Peters, R. S. (1959). Deve um educador ter um objetivo? Em R. S. PETERS, *Autlhority, Responsibility and Education*. Londres, George Allen and Unwin.

Piaget, J. (1977). *Estudos de psicologia*. Barcelona: Editorial Seix Barral.

Piaget, J. (1978). *A equilibração das estruturas cognitivas*. Madrid: Siglo XXI

Piaget, J. (1983). A teoria de Piaget. Em P. Mussen (Ed.), *Handbook of child psychology*, Vol. 1, Nova Iorque: Wiley.

Powell, R. e Single, H. (1996). Focus groups. *International Journal for Quality in Health Care, 8*(5), 499-509.

Puente, R. M. T. (2006). La educación a distancia en la formación inicial y continua de la facultad de educación de la pontificia universidad católica del perú (educação a distância inicial e em serviço na faculdade de educação da Pontifícia Universidade Católica do Peru). *Revista Iberoamericana De Educación a Distancia, 9*(1), 257-281. Recuperado de:

http://search.proquest.com/docview/1152022839?accountid=50441. (03/07/2015)

Rescorla, R. A. & Wagner, A. R. (1972). A theory of Pavlovian conditioning: Variations in the effectiveness of reinforcement and nonreinforcement. Em A. H. Black & W. F. Prokasy (Eds.), *Classical conditioning II: Current research and theory*, (64-99). Nova Iorque: Appleton-Century-Crofts.

Rivera, L.I. (s.d.). O papel do professor como gestor no contexto atual. *Revista Universidad Cristóbal Colón* (17-18), 117-123. Recuperado de www.eumed.net/rev/rucc/17-18/

Rodríguez, M & Fernández, J. (2000). *Creatividad para resolver problemas*. México D.F.: Editorial Pax.

Roig, A. E., & Martí, M. M. (2012). Indicadores de análisis de procesos de aprendizaje colaborativo en entornos virtuales de formación universitaria/Indicators of analysis of collaborativelearningprocesses in university virtual environments/Indicateursd'analyse de processusd'apprentissagecollaboratifdans des environnementsvirtuels de formationuniversitaire. *Ensino & Docência, 30*(1), 85-114. Recuperado de http://search.proquest.eom/docview/1511802810?accountid=50441. (03/07/2015).

Romero, M. (2011). *Desenho de Ambientes Virtuais de Aprendizagem (AVA), com metodologia de Aprendizagem Baseada em Problemas (ABP): "Um modelo para abordar a construção de conteúdos e conhecimentos em AVA"* Bogotá, Bogotá: Editorial Kimpres Ltda.

Salmerón, H., Rodríguez, S., & Gutiérrez, C. (2010*)*. Metodologías que optimizan la comunicación en entornos de aprendizaje virtual/Methodologies to improve communication in virtual learning environments. *Comunicar, 17* (34), 163-171. Obtido em   de http://search.proquest.com/docview/748919559?accountid=50441 (05/07/2015)

Sánchez, J. (2009). *Condições para o desenvolvimento de comunidades de construção de conhecimento com o apoio do Fórum do Conhecimento em ambientes de Ensino Superior.* Espanha: Universidade de Barcelona.

Siemens, G, (2004). *Conectivismo: uma teoria de aprendizagem para a era digital.* Obtido em https://docs.google.com/document/d/1ZkuAzd-x1l9lDgcC1E_XSmPTOk6Gu1K2SEvXtduG3gc/edit?pli=1

Siemens, G. (2006a). *Connectivism: Learning theory or pastime of the self-amused.* Manitoba, Canadá: Centro de Tecnologias de Aprendizagem.

Siemens, G. (2006b). *Conhecer o conhecimento.* Obtido em http://www.elearnspace.org/KnowingKnowledge_LowRes.pdf

Siegel, S. (2009). *Estatística não paramétrica: aplicada às ciências do comportamento.* Editorial Trillas, Barcelona, Espanha

Silva, J. (2011). *Desenho e moderação de ambientes virtuais de aprendizagem (AVA),* Editorial UOC, Barcelona, Espanha.

Sobrino, Á. (2014). *Contribuições do conectivismo como modelo pedagógico pós-construtivista.* Buenos Aires: Propuesta educativa.

Solarte, F. (2009). *Blogue Académico Virtual.* Ferramentas pedagógicas virtuais. Recuperado de: http://ambientesvirtualesdeaprendizajeava.blogspot.com.co/

Svedin, C. G. & Koch, M. (1990). Formação médica na Universidade de Saúde de Ostergotland: o contacto com os doentes, a visão holística e a arte da conversação. *Lakartidningen, 87*(32-33), 2471-2473.

Tobón, M. I. (2007). *Design instrucional num ambiente de aprendizagem aberto.* Pereira: Universidade Tecnológica de Pereira.

Universidade de Santo Tomás (2004). *Projeto educativo institucional.* Bogotá, Colômbia: Editorial USTA,

Universidade Santo Tomás [USTA] (2011). *Modelo pedagógico educacional Universidad Santo Tomás.* Bogotá, Colômbia: Editorial USTA.

Universidad Santo Tomás [USTA] (2015). *Manual de boas práticas de salas de aula virtuais VUAD.* Bogotá, Colômbia: USTA - VUAD.

Uribe, M.A. (2014).*Até que ponto os ambientes virtuais de aprendizagem são virtuais? Uma reflexão a partir de Pierre Lévy e Edgar Morin* (Dissertação de Mestrado). Repositorio Universidad Militar Nueva Granada.

Vizcarro, C. & Juárez, E. (n/d). O que é a aprendizagem baseada em problemas e como funciona? In *Universidad de Murcia* (Ed.) *La metodología del Aprendizaje Basado en Problemas* (9-32). Múrcia: Universidade de Múrcia. Obtido em http://www.ub.edu/dikasteia/LIBRO_MURCIA.pdf

Vygotsky, L. (1979). *O desenvolvimento dos processos psicológicos superiores.* Barcelona: Critica/Grijalbo.

Wenger, E. (1998). *Comunidades de Prática: Aprendizagem, significado e identidade.* Nova Iorque, NY: Cambridge University Press.White B., H. (2004). *O poder da aprendizagem baseada em problemas.* Lima: Pontifícia Universidade Católica del Perú.

Participantes em grupos de discussão

Não	Estudante	Programa

1	Andrea Paola Ortegón Pena	Licenciatura em Informática Educativa
	DoraYuliethIbáñez Roncancio	Licenciatura em Informática Educativa
	Edna Karina Hernández Porras	Licenciatura em Educação de Infância
	Elsy Nathali Vargas Vargas Vargas	Licenciatura em Língua e Literatura Espanhola Literatura
5	Gilberto Iván Velandia Robayo	Licenciatura em Língua Estrangeira: Inglês
	Ingrid Johanna Espejo Canon	Licenciatura em Língua Estrangeira: Inglês
	Jessika Yuliana Casas Delgadillo	Licenciatura em Informática Educativa
8	José Alfredo Mancera	Licenciatura em Filosofia e Educação
	Martinez	Religioso
1	Karoth Juliana Sánchez Ávila	Bacharelato em Biologia Ênfase em Educação ambiental
	Kimberhly Andrea Prieto Castañeda	Licenciatura em Língua Estrangeira: Inglês
	Laura Carolina Prada Rodriguez	Licenciatura em Educação de Infância
	Leidy Johana García Rivera	Licenciatura em Língua Estrangeira: Inglês
5	Lenine Orlando Suarez Mejía	Licenciatura em Informática Educativa
	Leydi Vargas Ariza	Licenciatura em Língua e Literatura Espanhola Literatura
	Lina Julie Porras Bustos	Licenciatura em Filosofia e Educação Religioso
8	María Margoth Pinilla Vega	Licenciatura em Língua Estrangeira: Inglês
1	María Paola Acosta Rincón	Bacharelato em língua estrangeira: inglês
	Mónica Liliana Arias Buitrago	Licenciatura em Educação Básica Ênfase em Humanidades
	Nancy Yaneth Zapata Pachón	Bacharelato em língua estrangeira: inglês

	Nathaly Amado Ayala	Licenciatura em Biologia Ênfase em Educação Ambiental
5	Nelcy Yadira Valbuena Bustos	Bacharelato em língua estrangeira: inglês
	Tania Burgos González	Licenciatura em Biologia Ênfase em Educação Ambiental
	Yudy Estella Correa Rojas	Licenciatura em Biologia Ênfase em Educação Ambiental

Casas, J. (2016, junho, 9). Grupo de discussão 3 (Alexander Romero) [videoconferência]. Obtido em http://usantotomas.adobeconnect.com/p9gclr0dbzn/

Espejo I.(2016, junho, 7). Grupo focal 1 (Alexander Romero) [videoconferência]. Obtido em: usantotomas.adobeconnect.com/p3cktncl4yl/

Ibañez D. (2016, junho, 7). Grupo de discussão 1 (Alexander Romero) [videoconferência]. Obtido em: usantotomas.adobeconnect.com/p3cktncl4yl/

Pinilla M. (2016, junho, 8). Grupo focal 2 (Alexander Romero) [videoconferência]. Obtido em: usantotomas.adobeconnect.com/p3cktncl4yl/

Porras L. (2016, junho, 7). Grupo focal 1 (Alexander Romero) [videoconferência]. Obtido em: usantotomas.adobeconnect.com/p3cktncl4yl/

Preda L. (2016, junho, 8). Grupo focal 2 (Alexander Romero) [videoconferência]. Obtido em: usantotomas.adobeconnect.com/p3cktncl4yl/

Prieto K. (2016, junho, 7). Grupo focal 1 (Alexander Romero) [videoconferência]. Obtido em: usantotomas.adobeconnect.com/p3cktncl4yl/

Valbuena N. (2016, junho, 8). Grupo focal 2 (Alexander Romero) [videoconferência].

ANEXOS

APÊNDICE A. GUIÃO DA ENTREVISTA DE GRUPO DE DISCUSSÃO

OBJECTIVO DA INVESTIGAÇÃO
Estabelecer o alcance na construção do conhecimento do Modelo ABP sobre AVA na educação a distância, no domínio de formação Filosofia dos Ambientes Virtuais de Aprendizagem, na Faculdade de Educação da Universidade de Santo Tomás - VUAD.

CATEGORIA DE ANÁLISE
Aquisição, participação e criação/construção de conhecimentos em **ambientes virtuais de aprendizagem.**

Identificação

Perguntas

Subcategoria: Aquisições
A utilização de plataformas virtuais de aprendizagem permite-lhe aprofundar outras matérias do seu curso?
Pode afirmar-se que a utilização adequada dos recursos da plataforma, como o acesso a outros sítios Web, vídeos, mapas conceptuais, facilita a aprendizagem de algumas das disciplinas do seu curso?
Subcategoria: Participação
As diferentes tarefas apresentadas na sala de aula virtual VUAD convidam-no repetidamente a visitar os sítios propostos e a participar nas actividades?
A plataforma Moodle permite-lhe interagir diretamente com outros participantes?
A partilha de conceitos com os colegas é facilitada pela utilização de actividades da plataforma, como o diário, os fóruns, o chat e as wikis?
Subcategoria Criação/construção
A dinâmica de um fórum na sala de aula virtual contribui para o esclarecimento de dúvidas, permitindo uma compreensão mais profunda de um determinado tema? A utilização de actividades próprias da plataforma como diários, fóruns, chat, wiki ajudou-o a partilhar os seus conceitos com os seus colegas?

APÊNDICE B. GUIÃO DA ENTREVISTA DE GRUPO DE DISCUSSÃO

OBJECTIVO DA INVESTIGAÇÃO
Estabelecer o alcance na construção do conhecimento do Modelo ABP sobre AVA na educação a distância, no domínio de formação Filosofia dos Ambientes Virtuais de Aprendizagem, na Faculdade de Educação da Universidade de Santo Tomás - VUAD.

CATEGORIA DE ANÁLISE
Aquisição de conhecimentos, participação e criação de conhecimentos/construção do **Aprendizagem baseada em problemas.**

Nome do observador

Nome do relator

Participantes em grupos de discussão

Perguntas

Subcategoria: Aquisições
A estratégia pedagógica Aprendizagem Baseada em Problemas contribui para o aprofundamento dos conceitos alcançados na sua área disciplinar?   *O sucesso da solução do problema é colocado pela participação de especialistas como um recurso da estratégia pedagógica PBL?*

Subcategoria: Participação
A PBL como estratégia para o desenvolvimento de uma disciplina aumenta o seu interesse em relação a outras metodologias porque permite ao grupo de alunos confrontar-se com situações da sua vida como profissional?   *Um dos recursos utilizados pela estratégia pedagógica PBL é a participação de peritos. Este facto contribui para o êxito da solução do problema colocado?*

Subcategoria: Criação/construção
A Aprendizagem Baseada em Problemas é uma estratégia pedagógica que permite ao aluno pôr em prática os conceitos adquiridos na resolução de uma situação problemática relacionada com a sua profissão?   *Relativamente à expressão "A ABP na área da pedagogia representa um avanço na investigação do conhecimento aprendido e reforça o conhecimento que tem sido relegado para a prática", seria?*   *Os conceitos abordados no domínio de formação Filosofia dos Ambientes Virtuais de Aprendizagem respondem às necessidades do seu domínio de trabalho?*

ANEXO C. GUIA DE ENTREVISTA DO GRUPO FOCAL DO GROPO

OBJECTIVO DA INVESTIGAÇÃO

Estabelecer o âmbito de construção do conhecimento do Modelo PBA.
sobre a APV no ensino à distância, no domínio da formação Filosofia da
Ambientes Virtuais de Aprendizagem, na Faculdade de Educação da Universidade de
Universidade de Santo Tomás - VUAD
CATEGORIA DE ANÁLISE
Aquisição de conhecimentos, participação e criação/construção de conhecimentos em
Ferramentas informáticas.

Identificação

Nome do moderador

Nome do observador

Nome do relator

Participantes em grupos de discussão

Perguntas

Subcategoria: Aquisições
O blogue permite-nos dar a conhecer na Web o nosso ponto de vista sobre um assunto? *As ferramentas digitais como suporte na construção de Ambientes Virtuais ajudam a tornar a mensagem que se pretende dar a conhecer mais atractiva para o espetador, através de animações, sons, hiperligações, entre outros?*
As ferramentas da Web 2.0 permitem-nos organizar de forma simples e rápida as ideias e os conceitos que pretende dar a conhecer no seu espaço de formação, permitindo a quem interage compreender o objetivo do cenário?
Subcategoria: Participação

Subcategoria: Aquisições
A participação dos especialistas na sala de aula virtual convida a uma reflexão sobre o caso apresentado no início do curso e a possíveis discussões com os colegas?

Na sala de aula virtual, os espaços de comunicação como fóruns, diários, wikis, chat, utilizados por si e pelos seus colegas, são visitados de forma permanente porque aí encontra espaços de reflexão e de aprendizagem constante?

Encontra elementos no curso em sala de aula virtual que o convidam a aprofundar os conceitos e a aprender novos?

Vê a sala de aula virtual como um meio onde pode comunicar as suas expectativas e sugestões relativamente aos conceitos alcançados até agora?

Subcategoria: criação/construção
A sala de aula virtual apresenta conceitos do seu nível académico e isso torna-a relevante para o desenvolvimento dos seus conhecimentos até agora alcançados na sua carreira?

Os mapas conceptuais ajudam a aprender melhor os conceitos e a organizá-los corretamente de modo a construir as suas próprias estruturas cognitivas?

As páginas Web, os vídeos e os mapas conceptuais, enquanto recursos da sala de aula virtual, facilitam a aprendizagem de determinadas matérias específicas da sua carreira?

As ferramentas da Web 2.0 permitem-lhe integrar os conhecimentos que está a adquirir noutras disciplinas para melhorar o seu desempenho pessoal e profissional?